仕事の問題地図

「で、どこから変える？」

進捗しない、ムリ・ムダだらけの働き方

沢渡あまね

技術評論社

はじめに～どうして仕事が進まない、終わらない？

「日々の仕事、どうせやるなら予定どおり終えたいし、成功させたい」

自分の仕事を全うしたい――だれもがそう考えるでしょう。

私たち日本人は元来、几帳面で真面目な国民です。よほどの天邪鬼《あまのじゃく》でない限り、あるいは競合他社から送り込まれたスパイでもない限り、期限までに仕事を終えるようがんばります。コツコツ進めようとします。にも関わらず……

「なぜか、仕事が予定どおりに終わらない！」

こんな叫び、行く職場、行く職場で必ず耳にします。

いや、予定どおりに終わらないくらいならまだマシかもしれません。

「手つかずのまま、時が流れてしまった……」

こんな、夏休み最終日の小学生さながらの光景も見かけます。

以下は、私の過去の勤務先やクライアント先でよく聞いていた、ため息センテンスです。

①計画どおり終わったためしがない
②というより、計画を立てる人がいない
③「いつかやらなくちゃ」とは思っていて、期限を過ぎてしまった……
④計画やルールを決めても、定着しない、続かない
⑤「横入り」（突発の依頼）が多くて、どうにもならない
⑥「し忘れ」「やり漏れ」が常態化
⑦「計画どおりに終わらないのが当たり前」と、みんな諦めてしまっている
⑧一部のデキる人頼み
⑨そもそも、最初から終わる気がしない

なかには、

⑩いままで勘と気合で何とかなってきたから、計画なんて立てない

なんて猛者（?）も。

1人でやる作業レベルの仕事から、5人、10人、あるいは20人以上で取り組むプロジェクトレベルのチームワークまで、規模の大小にかかわらず、嘆きの声があちこちで発せられています。

いったいなぜ、私たちの仕事はなかなかうまく進まないのでしょうか？　最後まで走りきれないのでしょうか？

そこには、無視できない2つの大前提があります。

①仕事は生きものである

仕事は常に変化します。その仕事への要求事項、前提条件、環境、取り巻く人々との関係性などは、時間の経過とともに変わります。期間が長ければ長いほど（あるいは、手つかず状態で放置すればするほど）、変わるリスクは大きいといえるでしょう。仕事は生き

ものなのです。

②私たちもまた生きものである

そして、仕事をする私たちもまた生きものです。最近では、ＡＩ（人工知能）が進化し、人の仕事を代替するかもしれないなどと騒がれていますが、そこに到達するにはもう何年かかかるでしょう。また、ＡＩを操るのも、結局は私たち人間です。しばらくは、人前提でものごとを考える必要があります。

人がやっている以上、完璧はありません。たとえば、「し忘れ」「やり漏れ」は、なかなかなくならないですね。忘れていなくても、目先の仕事に追われて、重要な仕事なのに、ついつい後回しにしてしまうこともあるでしょう。

それはなぜか？

「だって、人間だもの」

仕事がなかなかうまくいかないのは、仕事そのものが、そして仕事をする私たちも、生きものだからです。

そんなことを言うと、たまに厳しいお叱りを受けます。

「はぁ？　生きものだから？　人間だもの？　何を呑気なことを言っているんだ！」

お気持ちはごもっとも。しかし、前述の現場の嘆きの声をもう一度思い出してみてください。

- 「いつかやらなくちゃ」とは思っていて、期限を過ぎてしまった……
- 計画やルールを決めても、定着しない、続かない
- 「し忘れ」「やり漏れ」が常態化
- そもそも最初から終わる気がしない
- いままで勘と気合で何とかなってきたから、計画なんて立てない

どれもこれも、人間の意識や気持ちの部分が大きく影響しているものばかり。正論や「べき論」をふりかざしても、どうにもなりません。キレイごとだけの対策を並べ立ててもダメなのです。

夏休みの終わり間際まで宿題をやらない子どもたち。ルールで縛っただけでは、計画表を作らせただけでは、うまくいかないですよね。目先に大きな誘惑があれば、子どもは計画そっちのけで遊んでしまいます。

・親が「今日は宿題やった?」と毎日しつこく問いかける
・「8月20日までに終わっていなければ、21日からの家族旅行は中止」と約束する
・仲のいい友達と一緒にやる
・勉強が好きになるようなきっかけを作る
・ご褒美をちらつかせる

親は、あの手この手を使うでしょう。私たちの仕事も同じです。

「生きものだから」「人間だもの」

このリアルと向き合わずして、ものごとは解決しません。なのに、私たちはなぜかそこに蓋をして、キレイごとだけでスマートにやろうとする。そりゃ、うまくいくわけがありません。子どもに宿題をやらせるがごとく、さまざまなアプローチが必要です。

本書では、「仕事が思うように進まない・終わらない」実態を料理していきます。そこには、さまざまな要因が潜んでいます。

- 「計画を立てられない」「進捗が見えない」など、仕事の進め方（プロセス）の問題
- 「期限に終えることができない」など、個人のスキルも関係する問題
- 「一体感がない」「モチベーションが低い」など、意識や気持ちの問題
- 「だれも意見を言わない」など、職場環境や雰囲気の問題
- 「やり方を知らない」「有識者がいない」など、知識の問題
- 「抵抗する人、邪魔する人が多い」など、人間関係の問題
- 「同じ失敗を繰り返す」「失敗から学ばない」など、組織風土の問題

これらの要因を地図にして、解決策を提案します。まずは巻頭の地図を広げてみて、「私、ここでつまずいている！」「ウチの職場はここが弱い！」など、ワイワイがやがやしながら、原因と対策をつまみ食い、拾い食いしてみてください。

☑ どうして仕事が進まない、終わらない？

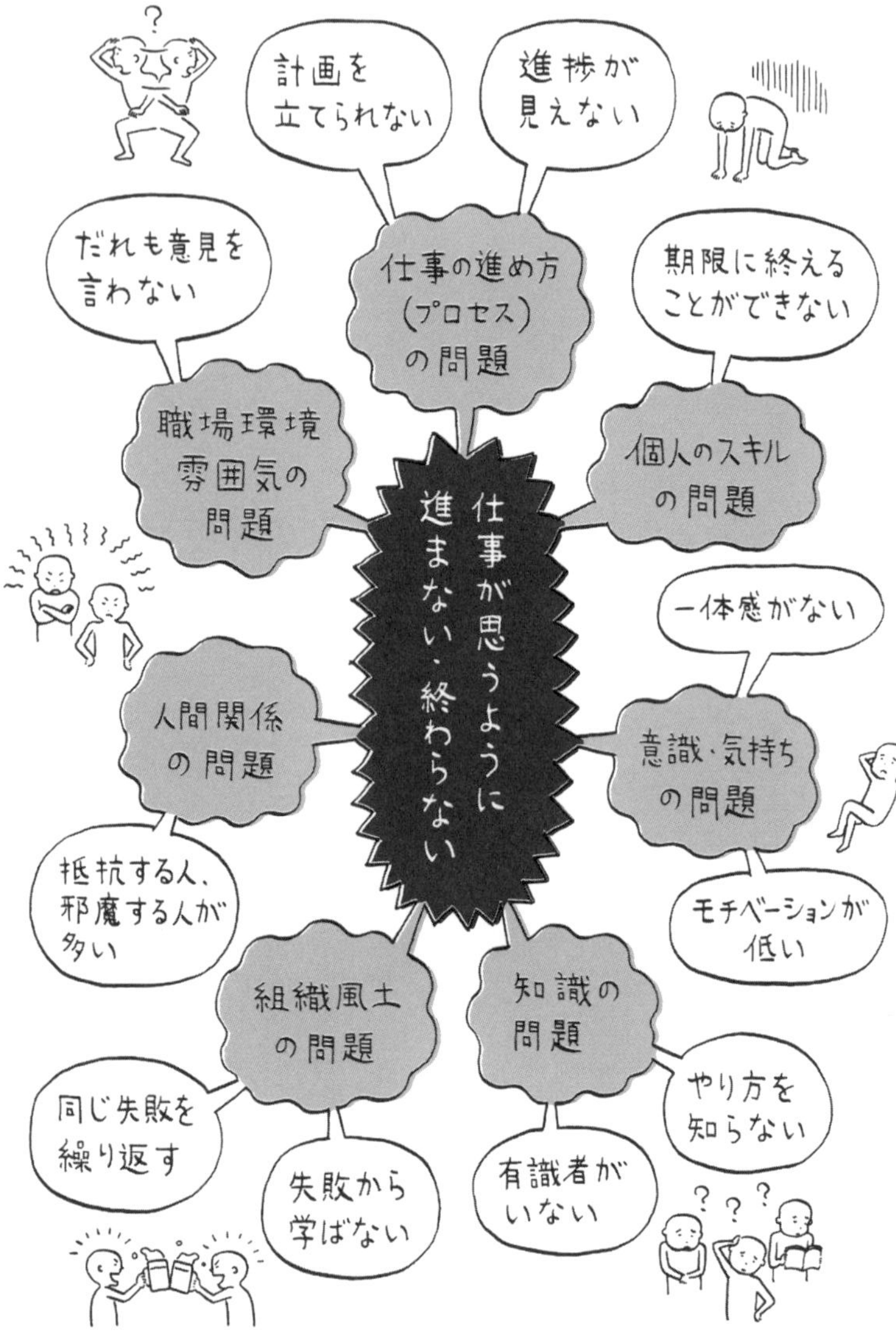

人間らしさを受け入れながら、最後まで走りきる仕事のやり方。この地図片手に、ゆるーり、真剣に考えてみましょう。

CONTENTS

5丁目

期限に終わらない

6丁目

意見を言わない

7丁目

有識者不在

8丁目 抵抗勢力の壁

9丁目 対立を避ける

10丁目　失敗しっぱなし

おわりに

仕事の問題地図

BUS

1丁目

計画不在

行先

「進捗しない」仕事

「ムリ・ムダだらけ」の仕事

「松山くん、例の『働き方改革検討』の件、どうなっている？　状況を教えてほしいんだけれど」

人事部の松山主任。都内の印刷会社に勤める、30代半ばの社員だ。課長の児玉からの突然の問いかけにうろたえる。

「あー、ええと……ううん……。正直、芳しくありません」
「芳しくないって、いったい何がどうなっているの？」
「情報システム部からの回答がなくてですね……」
「は？　ちょっと待って。情シスがこの件にどう関係するんだっけ？」

児玉は思わず首をかしげる。

「はい。在宅勤務のシステムを扱っているベンダーを調べてもらうよう、情報システム部に依頼しました。たぶん、ベンダーからの回答がまだなんじゃないかな……」

目をキョロキョロさせる松山。

「あ、そういうこと？　でもさ、システムも大事だけれど、まずは世の中の働き方改革の事例を調べようってことにしてなかったっけ？　別に、働き方改革＝在宅勤務だけじゃないし、システムは手段でしかないよね」

「そういう考え方もありますね」

「それと、人事制度をどう変えるかも考えないとね。制度面の検討は進んでいる？」

苛立ちを抑えつつ、問いを続ける児玉。

「あ、なるほどです。たしかに、それも大事ですね。これから計画を立てます」

「いや、『なるほどです』じゃなくてさぁ……（トホホ）」

そもそも計画がない。⬇あいたっ！

「計画不在」の3つの原因

いや、ひょっとしたらあるのかもしれないけれど、担当者の頭の中にしかない。⬇あいたたっ！

あっても、抜け漏れだらけで、とても計画とは言えない。⬇あいたたたっ！

そんな状況でとりあえず仕事を進めて路頭に迷っている職場、とてもよく見かけます。仕事の大小を問わず、計画を立て、それを上司・部下・関係者と共有して、進捗管理をするのは、仕事の基本中のキホンのはずなのに。

では、なぜマトモな計画がないのでしょうか？　3つの原因が考えられます。

①「勘で何とかなるだろう」と思っている
②計画の標準形がない
③やるべきことがわかっていない

①「勘で何とかなるだろう」と思っている

わざわざ計画を作るなんてメンドクサイ——そう思わせる背景の1つがこれ。野生の勘でナントカしようとする。

☑ なぜ、計画不在になるのか？

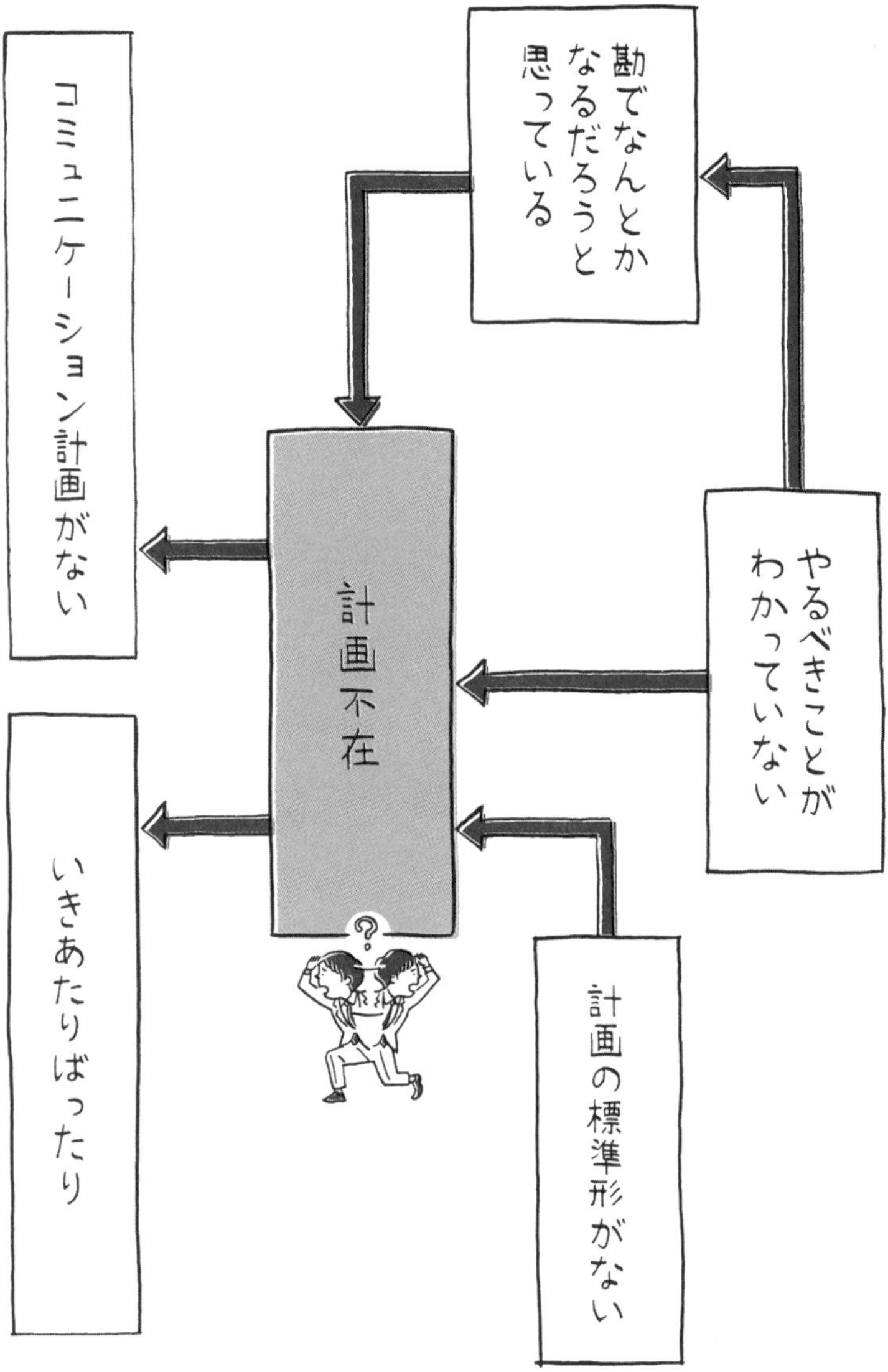

いままで、計画なんて作らなくてもナントカなっていた。ナントカなってなくても、過去の痛い経験をキレイさっぱり忘れてしまっている。だから、今回も大丈夫なはず――そんな過去の成功体験や、根拠のない自信が、計画を作る習慣を妨げるのです。

世の中、二度同じ仕事は存在しません。時代も変われば、背景も変わる。たとえ過去に成功体験があったからといって、今回もうまくいく保証はどこにもないのですけれどねぇ……。

②計画の標準形がない

「そもそも、計画ってどんなことをすればいいんですか?」

そこで思考停止してしまう若手社員(だけではないですが)。

計画の標準形がない。だから、どんな観点を計画に盛り込んだらいいのかわからないし、どんな粒度で計画を作ればいいかもわからない。とりあえず想像で作ってみたけれど、やっぱり抜け漏れが多くて、話にならない。

気の利いた会社なら、予算計画・受注計画・プロジェクト計画・業務計画など、ジャンルごとに計画の「ひな形」(標準形)があります。すべての業務を網羅するのは難しいにしても、繰り返し性のあるものについては標準形を作っておきたいものです。

③やるべきことがわかっていない

とりわけ新しい仕事に取り組む場合、「計画を作れ」といわれても、どんな活動や作業が必要なのか見当すらつかない場合も。冒頭の事例で考えてみましょう。

「働き方改革検討」は、松山くんにとって、いや、そもそも会社にとっても、初めての試みかもしれません。「働き方改革？　なにそれ、美味しいの？」くらいに思っている社員もいるかも。「何をすべきかわからない」という状況は容易に想像できます。

では、どうしたらキチンとした計画を作れるようになるか？　捌いていきましょう。ポイントは４つです。

①構造化してみる
②計画表を書いて、まわりに相談する
③「未知」か「既知」かを皆で判断する
④情報共有の旗振り役を置く

構造化してみる

新しい仕事を振られたら、次のような構造図を描いてみましょう。Ｅｘｃｅｌでも手書きでもかまいません。雑でも結構。構造図は、活動や作業項目を洗い出すために描きます。

第１階層には、その仕事の命題（テーマ）を書きます。
第２階層には、「なぜ、その仕事をおこなうのか？」すなわち、目的を書きます。
第３階層には、「目的を達成するためにどんな活動が必要になるか？」を列挙します。
第４階層以降に、細かな作業項目を書き出していきます。

このような図にすれば、まわりの人（上司・同僚など）に見せたときの「抜け」「漏れ」チェックが速くなりますよね。

「『教育』って項目も必要じゃないかな？　新しい制度を開始するには、社員への周知展開の活動が必要だよね」

☑ 構造図の例

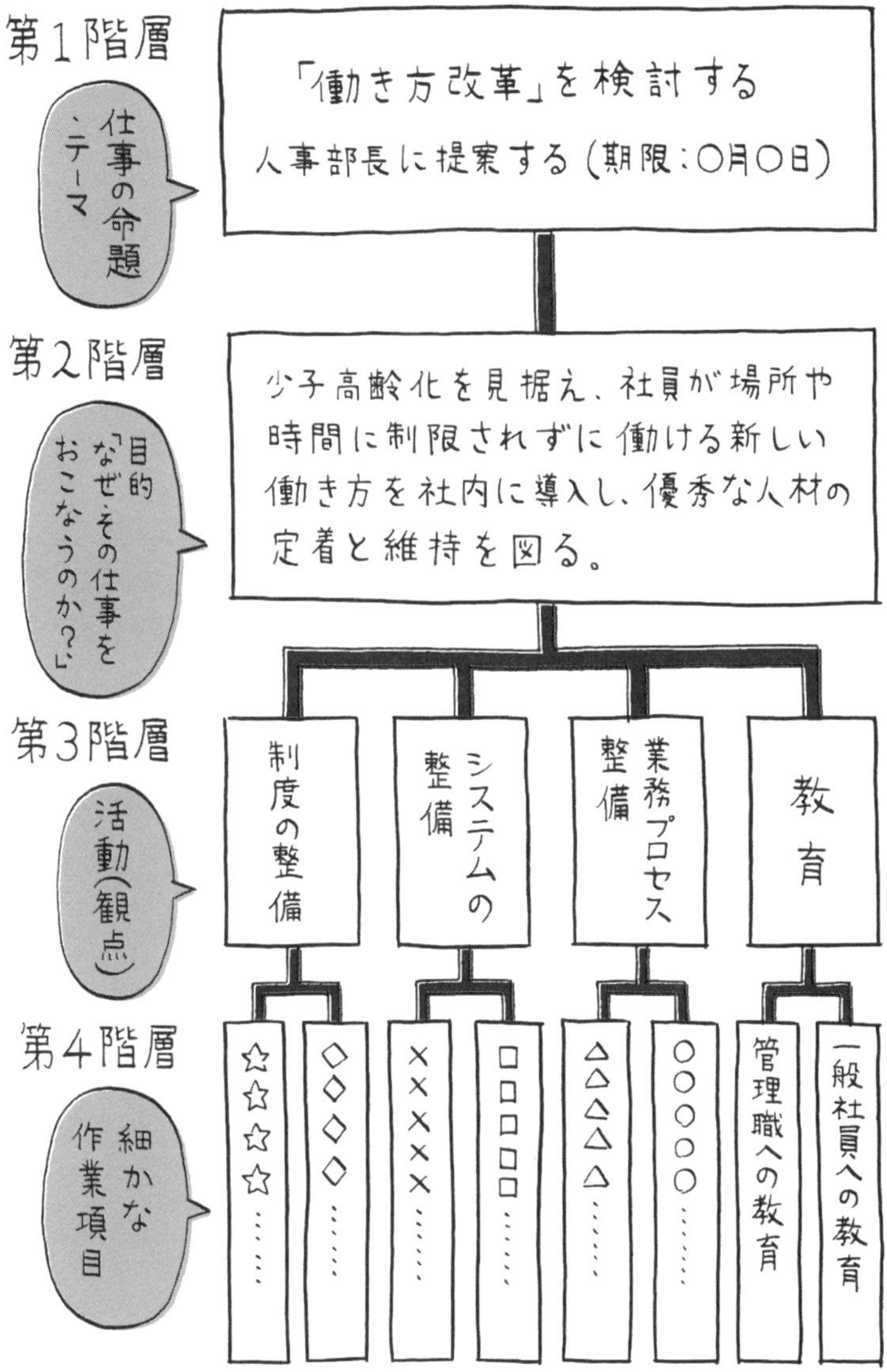
第1階層
仕事の命題、テーマ
「働き方改革」を検討する
人事部長に提案する（期限：○月○日）
第2階層
目的「なぜ、その仕事をおこなうのか？」
少子高齢化を見据え、社員が場所や時間に制限されずに働ける新しい働き方を社内に導入し、優秀な人材の定着と維持を図る。
第3階層
活動（観点）
制度の整備
システムの整備
業務プロセス整備
教育
第4階層
細かな作業項目
☆☆☆☆……
◇◇◇◇……
××××……
□□□□……
△△△△……
○○○○……
管理職への教育
一般社員への教育

「相手が『管理職』か『一般社員』かで内容を変えたほうがいいと思うな……」
「コストについては考えなくていいんだっけ?」

観点や項目の「抜け」「漏れ」をチームの仲間たちと補完しあう。三人寄らばなんとやら、です。職場のコミュニケーションにもなりますね。

ポイントは、MECE(ミッシー)でチェックすること。「モレなくダブりなく」という意味です。Mutually Exclusive and Collectively Exhaustive の略なのですが、そんな長ったらしい英文を覚える必要はありません(私もしょっちゅう失念しています)。

構造図の第3階層(以降)の項目を洗い出す時、MECEの視点でチェックしましょう。ものごとをMECEに整理するためには、次の3つの考え方が役立ちます。

- ①「AとA以外」で考えてみる

例 「男性と女性」「日本と海外」「管理職と非管理職」

- ②計算式に当てはめてみる

例 「総売上 = 単価 × 売上」➡「単価」と「売上」の観点

☑ MECEって?

Mutually 相互に
Exclusive 重なりなく
Collectively 全部集めたら
Exhaustive 漏れがない
英文は覚えなくていいよ～
これがMECEの例か
全体
東京都民
モレなくダブりなく、ですね
A
23区民
B
市民
C
町民
D
村民

☑ MECEでない例

資料提供協力:株式会社 ファーストキャリア
http://firstcareer.co.jp

「サービスの価値＝有用性×保証」➡「有用性」と「保証」の観点

・③プロセスの各段階に当てはめてみる

例 「構想」と「設計」と「試作」と「製造」と「販売」

「開発」と「運用」

知識の引き出しが多ければ多いほど、ささっとMECEな項目を思いつけるようになります。ほかの人が作った構造図を見て、「へえ、こんな切り口があるのか」「この観点もらい！」のように、項目案を日々ストックしておきたいですね。

そして大事なのが、1人で悩まずに、とっとと他人に構造図を見せて相談すること。あなたがMECEだと思っていても、ほかの人から見たら「抜け」「漏れ」があったり、そもそもまったく異なる観点でそのテーマを捉えているかもしれません。それもそのはず。あなたと他人は別の人間ですから、違っていて当然。そして、完璧なMECEなど存在しないのです。

計画段階で「抜け」「漏れ」や意識違いを明確にしておけば、軌道修正も早くできますね。これが、無計画のまま進んで、後で発覚した日にゃ……くわばら、くわばら。

☑ MECEに整理するコツ

MECEに整理するための方法3つ。
整理する切り口(観点)を多くストックしておくと、
効率よく整理できる。

計画表を書いて、まわりに相談する

下手でもいいから、計画を表にしてみる。書いてみる。書かなければ、チームメンバーとの意識合わせもできなければ、進捗フォローもできません。

え、何を書いたらいいかわからないですって？

てっとり早く、縦に「何を」、横に「いつまでにやる」を記すだけでもＯＫ。「何を」は、最初に作った構造図で洗い出せていますよね。

計画表を書いたら、できる限り早く、上司・同僚・部下などまわりの人に見せましょう。

そして……

・項目の「抜け」「漏れ」がないかチェックする

・そのテーマに関する知識・経験が自組織にあるのかないのかを判断する

とにかく、書いてみなければ何も始まらないのです！

☑ 下手でもいいから計画表を書こう

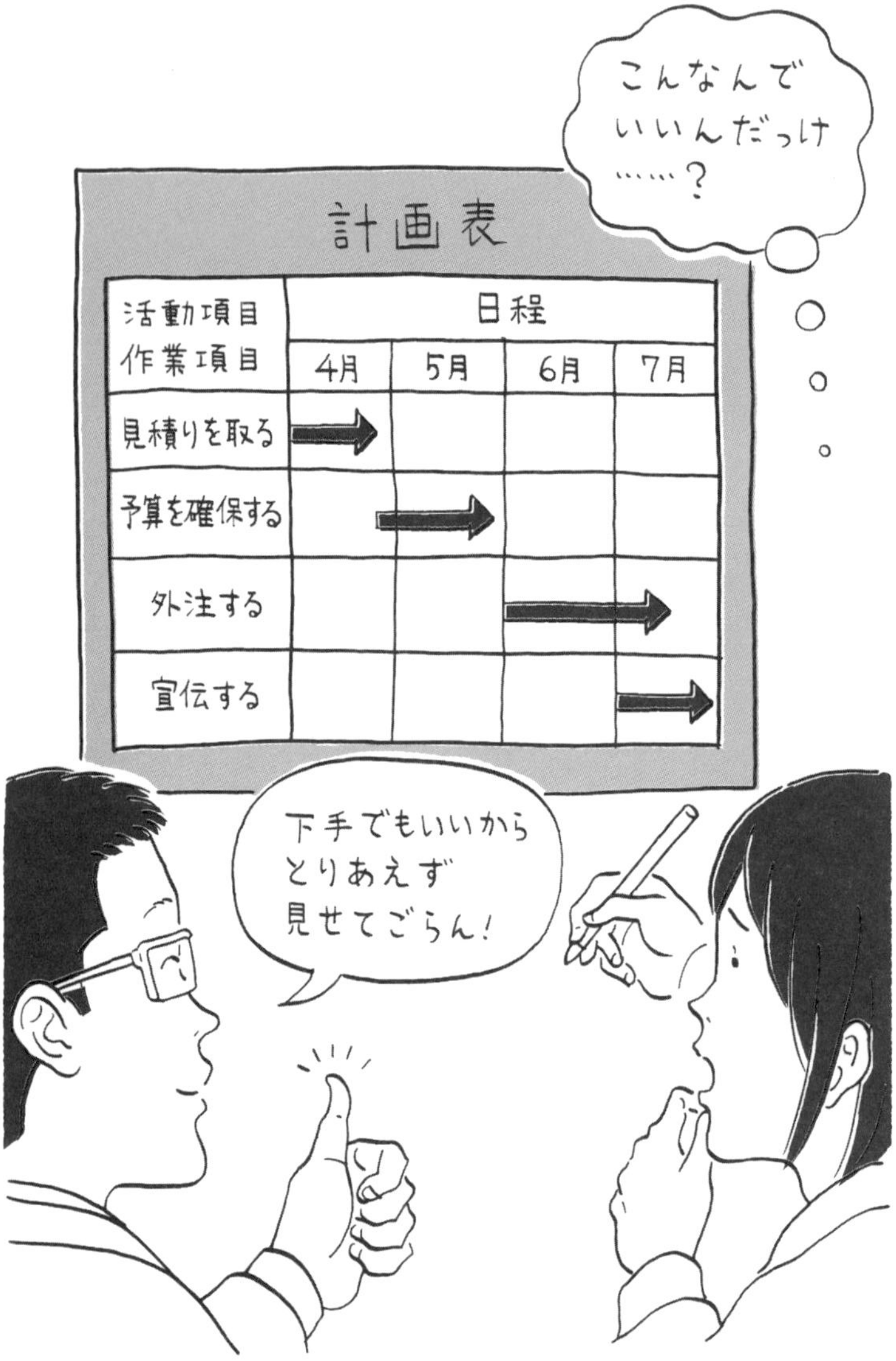

「未知」か「既知」かを皆で判断する

「そのテーマは、自組織（あなたのチーム）にとって『未知』か『既知』か？」


この判断は、とても重要です。

「既知」とは、社内、部内、チーム内など、どこかに経験や知識がある状態。

「未知」とは、文字どおり、だれも未経験で、知識がない状態。

この判断をチームで迅速におこなうためにも、早く構造図や計画表を作って、チーム内で見せ合いましょう。

既知であれば、アタリをつけて過去のデータを探す、あるいは担当者に聞きに行く。そうすれば、以前考えた観点や活動項目を流用できますね。

一方、未知であれば、外から知識や経験を仕入れるしかないでしょう。講演を聞きにいく、研修を受ける、外注する。選択肢はさまざまです。

「既知」か「未知」かをチームで素早く判断し、必要なアクションをスピーディにとっていきましょう。

情報共有の旗振り役を置く

ここまでの3つは、計画を作る段になってやってほしいこと。一方、こちらは常日頃やっておきたい活動です。


チーム内のだれが、どんな知識をもっているか?

社内のどの部署が、どんな仕事をして、どんな経験があるのか?

世間では何がトレンドで、どんなソリューション(解決策)が提供されているのか?


これらを常に情報収集しておくのも、大事な仕事です。

あ、そこのあなた、今「そんなヒマないよ!」って顔した!

わかります。よくわかります。みんな、日々の仕事に一生懸命。情報を集めて共有している時間なんてない。だからこそ、情報共有を「仕事」として定義し、旗を振る役割をだれかに任せる、すなわち仕組み化が肝なのです。

で、その旗振り役をする（あるいは、だれかに役割として任せる）のはだれか？
仕組みを作るのはだれか？

ズバリ、管理職です！　管理職が率先して情報共有をする、あるいは情報共有する役割と仕組みを作りましょう。

・ひと仕事終わったら、振り返り会をやる
➡その知識をドキュメント化して、所定のフォルダに格納する
・社外や社内の講演会や勉強会に積極的に参加する
➡そこで得た知識を、定例のチームミーティングで話す
・毎日イントラネットをチェックする
➡他部署の面白そうなニュースを見つけたら、メールで全員に共有する

この程度のことでかまいません。ただ、この程度のことでも、旗振り役を決めておかな

いとうまく回りません。「自発的にやりましょう」では続かないのです。それはなぜか？

だって、人間だもの

管理職とは、人間の弱いところを認識したうえで、それをカバーする役割や仕組みを作る人のことです。

さて、計画はできあがりました。でも、そこで気を抜いてはダメですね。どんなに立派な計画を作っても、きちんとフォローして実行できなければ、絵に描いた餅。2丁目では、進捗管理について見ていきます。

COLUMN

計画不在の元凶ビッグ3の裏にいるヤツら

本編で、計画不在の3大原因を解説しました。じつは、この3つの裏には、さらに4つの黒幕が控えています。計画がなくて（あるいはあってもイマイチで）、いつもあたふたしている人は、ここを疑ってみましょう。

①過去のやり方が共有されていない
②上司や先輩が背中を見せられていない
③外のやり方を学ぶ機会がない
④情報共有の旗振りをする人がいない

①過去のやり方が共有されていない

じつは、同じような仕事を、自部署や他部署で過去にもやっていたかもしれません。であれば、その人たちから計画表をコピー＆ペーストさせてもらって、足りないところを補えば手っ取り早いですよね。

ところがどっこい。だれも、そんな仕事が走っていたことを知らない。部署内、いや自

☑ ビッグ3の裏にいる4つの黒幕

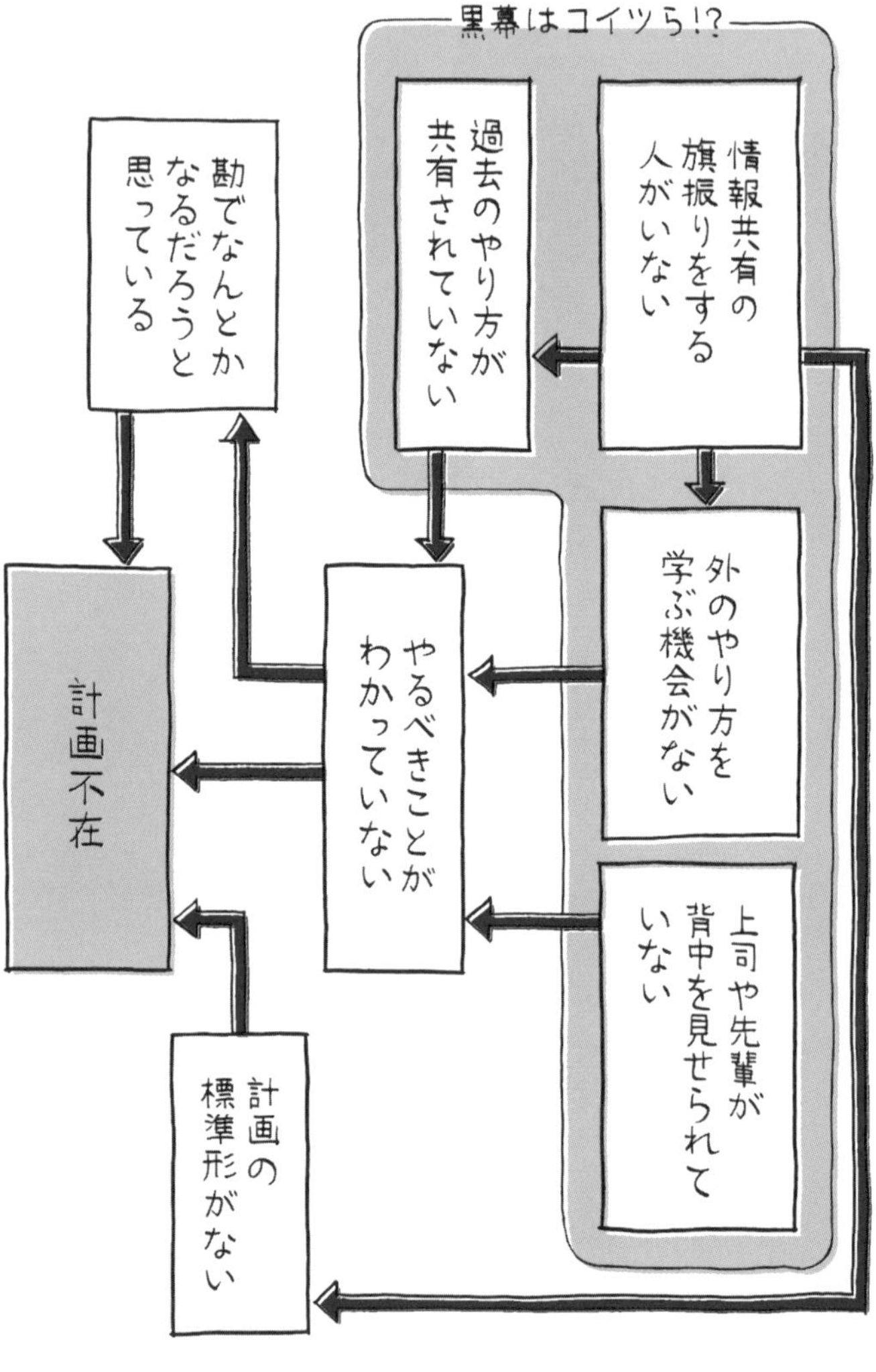

部署内ですら、見えない高い壁が立ちはだかっていて、相手のことも、過去のこともわからない。ああ、もったいない！

②上司や先輩が背中を見せられていない

ある程度の年数、きちんと仕事をしていれば、計画を作るための項目や勘所などは身についているはず。なのですが、その知識や勘所を持っている上司・先輩が、若手に日ごろそれを見せられていない。最近流行りの「プレイングマネージャー化」ってヤツですな。

「背中を見せられる管理職が少なくなった」

企業の経営者や管理職のみなさんとお話ししていて頻繁に耳にする、嘆きセンテンスです。計画の項目の抜け漏れのみならず、物事の判断基準や振る舞い方などを、仕事を通じて若手に伝承していく。それがなくなってしまって、いいのだろうか……。

③外のやり方を学ぶ機会がない

自部署（上司や先輩）にも、他部署にも知識や経験がない！　野生の勘も通用しない！

そんな場合はどうしたらいいか？

外に聞くしかないですよね。本を読む、講演を聞きに行く、外部の専門家にお願いして助けてもらう。手段はさまざまです。ところが……


「なんか、みんな外に出たがらないんですよねぇ」

「出張申請がめんどくさくて……」

「外注する予算、とってないです」


こんな理由で、外に行かない、外を知ろうとしない。知識も経験もないのに、無理に自分たちだけでがんばろうとする。

いやいや、どんなにがんばろうとしても、ナイものはナイですから……。ナイんだってば！

④情報共有の旗振りをする人がいない

自部署、他部署、あるいは外。情報は必ずどこかにある！

なのにみんな、知ろうとも、聞こうとも、外に出ようともしない。その習慣？ 雰囲気？を作ってしまう原因の1つに、情報共有の旗振りをする人の不在が挙げられます。

仕事の問題地図

BUS

2丁目

進捗不明

行先

「進捗しない」仕事

「ムリ・ムダだらけ」の仕事

「そういえば、あの件どうなったの？　進捗の報告がないけれど」

化学品メーカーに勤める5年目社員の小川嵐子《おがわらんこ》。部長の高坂《たかさか》の問いに、キーボードを打つ手を止めた。

——あの件、あの件……ええと、何だっけ？

小川は、心当たりをいくつか頭の中で検索する。

——ああ、そうか。所沢工場跡地の再利用検討の案件ね。

用件にアタリをつけた小川。部長席に駆け寄る。

「はい。報告しようしようと思っていたのですが、部長もお忙しそうだったので、できずにおりました……」

「困るよ。大事な案件なんだから、自主的に報告してくれなくちゃ」

不服を露にする高坂。小川は慌てて状況を説明した。

「え、それ大問題じゃない！　ウチの部門だけで解決できる話じゃないよ。本社の環境推進室を巻き込まなくちゃ。もっと早く言ってくれれば、昨日僕が本社に出張したときに室長に話を通しておいたのに……で、計画どおりに終わる見込みあるの？」

「ええと、状況次第では、半年は延ばさないと厳しい……かもしれないですね」

「おいおいおい……」

進捗が見えない景色はなぜ生まれるのか

進捗不明。リーダーや上司を不安にさせるこの事象。ある製造業では、管理職を対象におこなったアンケートの「ストレスを感じること」の上位に、「部下からの進捗報告がない」が挙がったそうです。

なぜ、進捗不明な状態が起こってしまうのでしょう？

部下が不真面目だから？　いやいや、部下は一生懸命。でも、進捗不明は起こっていますよ。ここにも、さまざまな原因がからみあっています。

①報連相がない

報連相は、職場コミュニケーションのキホンであり、進捗を知るための手段です。報連相さえしっかりしていれば、進捗は把握できるもの。

とはいえ、デキそうでなかなかデキないのが報連相。なぜ、進捗報告がおこなわれないのでしょうか。

「相手が報告するのを待っていた」
「相手から聞かれたら答えればいいやと思っていた」
「そもそも、これって報告する必要あったんですか？」

進捗報告がうまくいっていない職場で、よく聞くフレーズです。

加えて、冒頭の小川嵐子さんのケースからもう１つ。

「相手が忙しそうだったから、報連相をためらった」

☑ 進捗不明な状態を作る原因

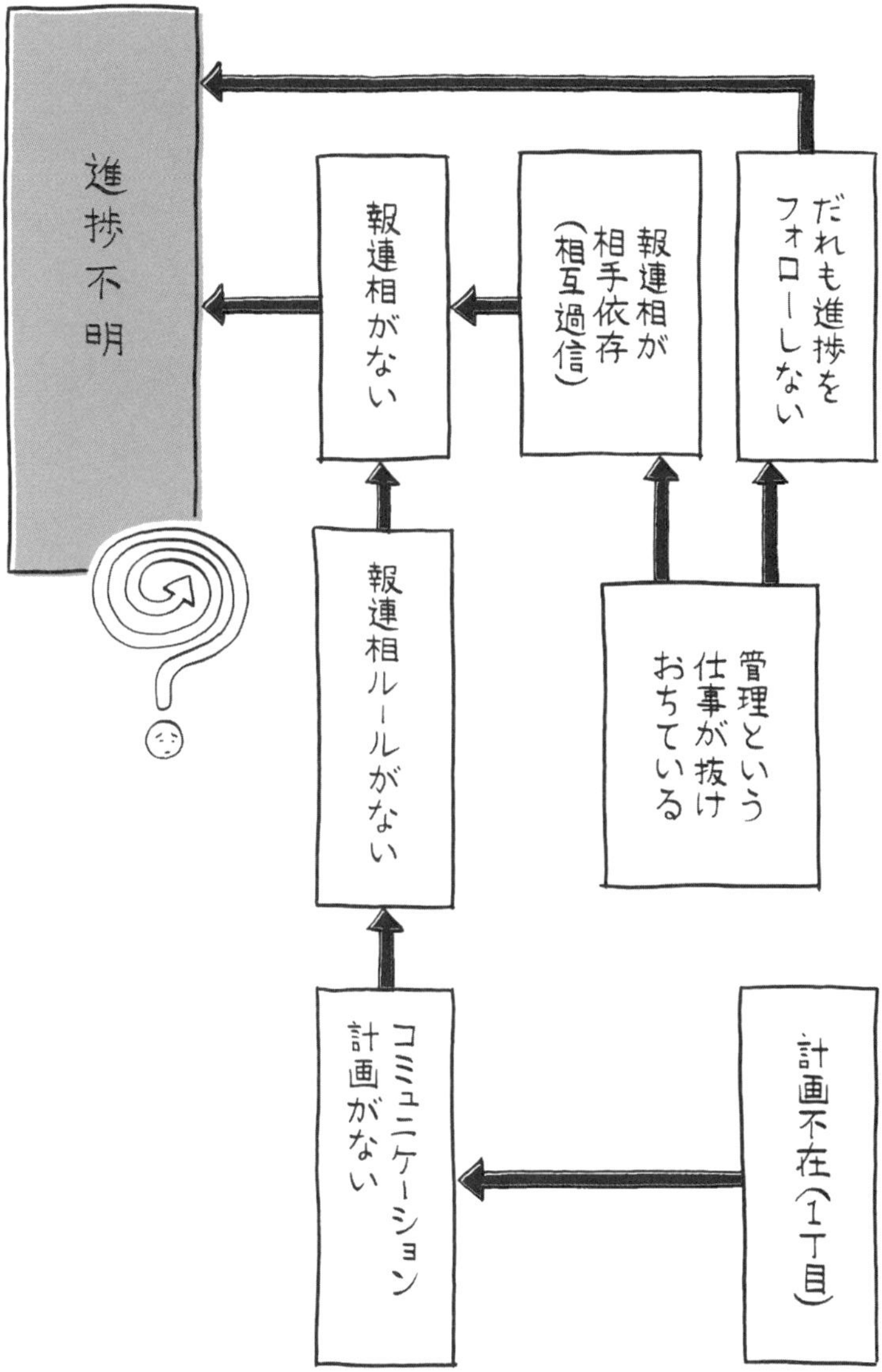

言い訳のようにも聞こえますが、「上司が忙しそうにしていたので話しかけにくい」とボヤく社員は少なくありません。

「ウチの社員は、報連相のスキルが低い」と嘆く経営者や管理職がいます。ですが、これ、スキルの問題ではありませんよね。意識の問題。さらには、仕組みの問題です。

で、進捗報告しないまま突っ走る。「なあに、自分だけでなんとかなるさ」。

すると、どうなるか？　ある日突然、問題発生！　で、巻き返し不可能な状況に……。

はい、遅延決定！

悲しき「仕事あるある」ものがたりでございます。

②だれも進捗をフォローしない

自主的な報連相が起こらない職場。せめて、だれかがフォローしてくれれば、進捗確認はできるかもしれません。ですが……

みんな、目の前の仕事で精一杯、自分の仕事で手一杯。他人の仕事の進捗にかまっているヒマなんかありません。生真面目な日本人、じつはヒマな人でさえ忙しいフリしますから、同じチーム内であっても他人の仕事にかまっている場合ではないのです。嗚呼。

なんていうか、相手依存なんです

進捗不明の原因には、日本の組織の良くも悪くもな文化が垣間見えます。

ずばり、「相手依存」。

①で出てきたあるあるフレーズを読み直してみてください。どれも、主体を相手に委ねていますよね。上司・部下、いつかどちらかが切り出すだろう。それまでは何も言わないでおこう。お互い忙しいし——そんな「思いやり」「信頼」という名の下の相手依存が災いし、進捗不明な状態が生まれているのです。

しかし、相手任せじゃどうにもならない。それが進捗。「信頼」と「なあなあ」を一緒にしてはイケマセン！

「報連相なんて、しなくたって大丈夫」
「進捗管理をするなんて、チームに信頼関係がない証拠」

よくこんな美談（？）を得意顔でされる、最先端企業の経営者もいらっしゃいます。ですが、そんなレアケースを目指そうとしないほうがいいです。

進捗不明の2つの処方箋

相手依存の状況で、手をこまねいていても、進捗は共有されません。なので、強制的にでも進捗報告がおこなわれる仕組みを作る。これしかありません。具体策は２つです。

①コミュニケーション計画を作る

計画を作る（１丁目）際、コミュニケーションの計画も設計して合意しておきましょう。報連相のタイミングを最初に決めておくのです。

- いつ、定例の進捗報告をするか？（例：毎週水曜日の13時～14時）
- 問題が発生した場合の報告手段とメンバーは？
- 変更が発生する場合、だれに、どのように相談をするか？　変更を協議するフローは？

☑ 進捗不明＝相手依存の組織構造!?

このようなルールを決めておくだけでも、進捗共有はスムーズになります。

え、それでも忘れてしまう？　やっぱり忙しい上司相手に報告しにくい？　仕方ないなあ、もう……

そんなあなた（たち）には、②をおすすめします。

②フォロー役を設ける

進捗を確認してフォローする役を、だれかにやってもらう。これは、進捗の共有漏れを防ぐ効果大です。実際、情報システムの開発などの大規模プロジェクトでは、ＰＭＯ（プロジェクトマネジメントオフィス）という専門チームを設けて、進捗管理や問題管理を任せています。現場はどうしても目先の仕事やトラブル対応に追われがち。よって、第三者に管理をフォローしてもらう。理にかなった考え方です。

当事者の自主性に任せず、同じチームのほかの人に、進捗管理の旗振りを、仕事として任せてみましょう。

「小川さん、所沢工場跡地の再利用検討の案件の進捗を教えてください」

「高坂部長、小川さんから進捗を報告してもらいますので、お時間ください」

当事者同士（たとえば上司と部下）では直接働きかけにくい。なので、第三者を使うのです。このようにお尻をたたく人がいるだけで、進捗不明な景色はガラリと変わります。てっとりばやく、毎週チームでやっている定例会議を進捗報告の場にしてもいいかもしれません。議事一覧に「進捗報告：15分」と加えてみてください。それだけで、毎回必ず進捗報告がおこなわれるようになります。定例会議のような、日常のルーチンに組み込んでしまう――ここがミソです。私たち日本人は、自発的に取り組むのは苦手でも、決められたことをキチンとこなすのは世界一。ならば、決めてしまえばいいのです。

報告、後回しにしてしまいがちさ、人間だもの
報告、忘れてしまうさ、人間だもの

忘れてもいいような仕組みを作りましょう！

仕事の問題地図

BUS

3丁目

一体感がない

行先

「進捗しない」仕事

「ムリ・ムダだらけ」の仕事

悲しき不協和音を奏でる職場、原因は？

成果が出ていない職場に大きく欠けているもの——それは、一体感です。

まずは、一体感のない職場に見られがちな4つの病を一挙公開！

①意識バラバラ症候群

Aさんは、重要な仕事だと思って、闘志を燃やしている。

Bさんは、やっつけ仕事だと思って、クールにかまえている。

Cさんは、ただ黙って、言われたことだけをやっている。

Dさんは、その仕事に興味がないわけではなさそうだけれども、いまいち本気になれていない。


そんな感じで、仕事に対する意識が人によってバラバラ、まちまちな状況、ありませんか？

☑ 一体感のない職場に見られがちな4つの病

②一部の人だけ突っ走る病

あなたも経験ありませんか？　中学や高校の時の学園祭。「楽しい青春の1ページを作るぞ！」と張り切りたかったものの……一部の仲良しグループだけが盛り上がって、催しものを決めてしまった。勝手に仕切って、内輪だけで準備を進めている。ええと、僕たち何をすればいいんでしょうか？　手持ち無沙汰にぶらぶらしていると、女子グループのリーダーからとどめのひと言。

「あんたたち、仕事しなさいよ！　○○くんたちはがんばってるのに、恥ずかしいと思わないの？」

え、え〜そんなこと言われてもねぇ。あいつらが勝手に盛り上がっているだけじゃないか。むしろ、こっちは被害者なんですけど……。

一部の人だけが突っ走る。これ、会社組織でもありますよね。

・部長だけが妙にテンション高い

・課長と課長代理だけで何でも決めて、進めて、ほかの人は蚊帳の外
・リーダーとサブリーダーだけが突っ走って、深夜残業して、勝手に疲れている

広がる温度差。これでは、一体感なんて生まれっこないですね。

③終わりが見えないで症

「ええと、この激務な状態、いったいいつまで続くんでしょう？」
「このプロジェクト、いつ終わるんでしょう？」

その時だけ忙しいならまだわかる。終わりが見えるならば、まだがんばれる。ところが……

・いつまでたっても恒常的な長時間労働
・短期のプロジェクト……だったはずなのに、延長、延長、そのまた延長で、いつ解放されるのかわからない

いつになったら終わるのだろうか？　恐る恐る、課長に尋ねてみると……

「ううん、いつまで続くんだろうね。僕にもわからない。ま、いつかなんとかなるでしょ」

そ、そんなご無体な！　明けない夜はない……と思いたい。とほほ。

④低モチベーション症

こんな一体感のない職場にいたら、モチベーションは上がりっこないですね（除く：一部の突っ走っている人たち）。みんなモチベーションが低いもんだから、一体感も生まれない。一体感がないから、モチベーションがますます下がる。はい、負の環状線のできあがり！

かくも悲しき不協和音は、なぜ起こる？

この手の職場、たいていさまざまな物事が曖昧なままコトが進んでしまっている傾向があります。

3つのことを「ケジメ」てみよう

では、どうすればいいのか。気合と根性と青春物語がお好きな管理職は、真顔でこうおっしゃいます。

「一体感がない!? なら、飲み会でもやるか」
「チーム5か条を決めて、毎朝唱和することにしよう！」
「挨拶がないのがいけないんだ。挨拶運動をやろう！」

いやいや、そういうことではなくてですねぇ……。対策はずばり、

「ケジメ」をつける！

最低限、次の3つをケジメてみましょう。

☑ 一体感のなさはこうして醸成される

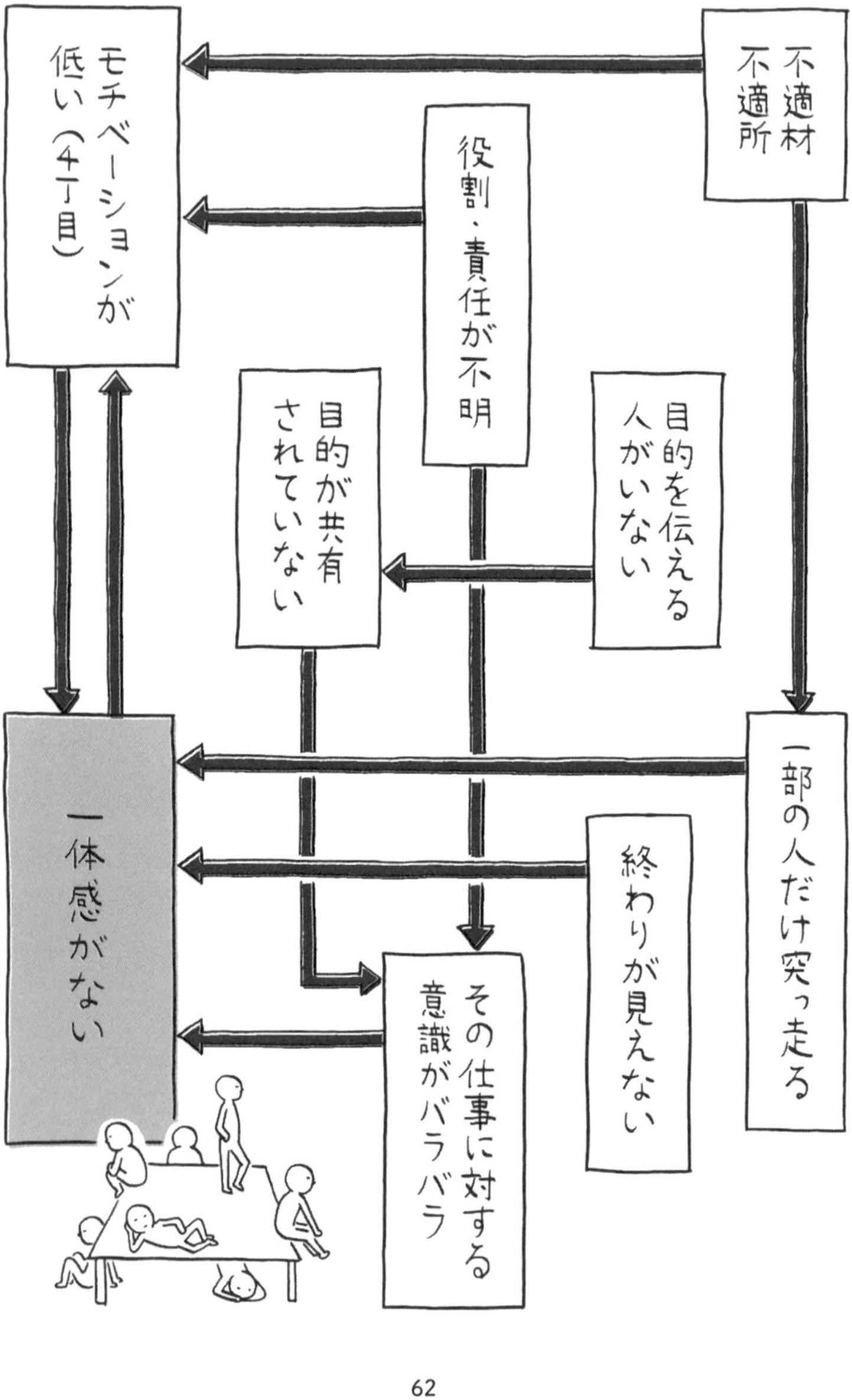

①目的を共有して！

その仕事は、何のためにやるのか？

だれに、どんな価値をもたらすのか？

私たちが取り組む意味は？

完了状態は？


まずは、それらをチームメンバー全員がわかっている状態を作りましょう。

「いや、わかっちゃいるんですよ。でもね、そもそもだれも目的を知らなかったりするじゃないですか。それに、目的がコロコロ変わったりもするし……」


ごもっとも……って納得してちゃダメ！

目的を確認する責任があるのはだれでしょう？　リーダーや管理職ですね。リーダーや管理職は、仕事の目的をきちんと確認あるいは設定しましょう。

あなたが部下の立場で、仕事の目的がわからない場合、リーダーにしつこく問いつめてください。答えるまで放しちゃイケマセン！

目的は生きものです。内部環境と外部環境の変化、トップの気まぐれ、その他さまざまな要因で変化します。最初に確認して、はいオシマイ、とはいきません。リーダーは、目的を定期的に上位者と確認し、メンバーに共有してください。

大きなプロジェクトの場合、目的を大きな紙に書いてオフィスに貼っておくのも手です。そうすれば、全員が常に目的を認識できますし、目的が変わったら上位者自らが気づいて指摘しますから。こういう仕掛けづくりも大事です。

②終わりを見せて！

どんなに楽しい仕事であっても、長時間続いたら、人は疲れてしまいます。終わりが見えないと、人は不安になります。やがて、その不安は組織への不信感に姿を変えます。「いつ終わるのか？」を示す――それが、組織と人との信頼関係を維持するためにはとても重要です。

「楽しんでいるようだから、深夜残業が続いてもがんばってくれるだろう」
「仕事なんだから、みんな割り切ってついてくるだろう」

これ、管理者側だけに都合のいい思い込みです。

終身雇用が主流だった、ひと昔前の時代なら、それもまかりとおったかもしれません。

でも、今は違います。「割り切ってついてくる」どころか、「割り切って辞めてしまう」人もいます。かつての常識に基づいた思い込みや決め付けはキケンです。

「終わりなき戦い」を終わりにしましょう！

③役割と期待を明確に！

自分の役割は何か？　この仕事では、自分に何が期待されているのか？

これが曖昧だと、人は適切に行動することができません。

「私はてっきりサポート役だと思っていたので、おとなしくしていました」

「えっ、自分たちでやり方を考えて提案していいんですか？」

メンバーに主体性を期待していたのに、みんな受け身。

逆に、あまり手間をかけずに淡々とこなしてほしかった仕事なのに、メンバーが無駄に張り切って空回りしてしまうパターンもあります。

部　下「私たち、遅くまで残って一生懸命がんばりました！」
リーダー「えっ!?　そこまでこだわらなくてもよかったのに……」
部　下「……私たちのがんばりは、ムダだったんですね……」
リーダー「あ、いや……そんなことは……」

嫌ですよね、この、お互い「やっちまった感」のある気まずい感じ。そして、部下とリーダーとの間には溝ができた。「本人たちが役割や期待を知らなかった」ただそれだけの理由で起こったのだとしたら、じつに悲しいですね。

メンバーに、役割や期待を伝える。リーダーは、率先してやりましょう。

世の中、「ケジメ」がないことによるトラブルが増えてきています。「歩きスマホ」然り、地方の議員の使途不明金問題然り、そして、私たちの仕事のやり方もまた然りです。「ケジメなさい、あなた」という歌もあるように（古い!?）、仕事の中の曖昧と向き合って、ケジメていきましょう。

管理職が早く帰ったほうがいいのはなぜか？

COLUMN

新商品や新企画の立ち上げ時期。あるいは決算時期。どんな仕事にも、忙しい時期はあるでしょう。しかし、年がら年中、長時間労働が続いたら？ さらには、50代の管理職まで もが、毎日遅くまで残業している状況が常態化していたら？ 若手は「この会社、一生この激務な状態が続くのか」って不安になりますよね。そして、「ここに一生勤めるのはちょっとな……」って思ってしまうかも。

先日、私の知っている、ある企業の男性社員が、辞めて他業界に転職しました。齢27歳。結婚を控えた彼は、胸中をこう打ち明けてくれました。

「仕事に不満はありません。ただ、これから家庭を持つうえで、一生ここで働くのはナイなって思ってしまいました……」

その会社は、若手もベテラン社員もそろって、年中深夜残業や休日出勤があたりまえでした。

管理職のみなさん、働き方を見直してください。たまには早く帰りましょう。若手に希望ある背中を見せるのも、管理職の大事な役割ですよ。

仕事の問題地図

BUS

4丁目

モチベーションが低い

行先

「進捗しない」仕事

「ムリ・ムダだらけ」の仕事

低モチベーション・やらされ感をもたらす3つのゾーン

「主体性を持って仕事をしてほしい」
「やらされ感のない職場にしたい」
「社員のモチベーションを上げたい」

経営者・管理職が口をそろえて言う、頻出キーフレーズです。

「どうせならモチベーション高く働きたい」
「せっかくなら、楽しく仕事したい」

雇われる側だって、だれもがそう思っているはず。なのに、現実はその真逆。そして、抜け漏れ・手戻りが繰り返され、仕事が予定どおり終わらない。

モチベーションの問題は、なかなか複雑です。給与体系などの金銭面の問題から、個人のプライベートな事情まで、一朝一夕には変えられない要因が絡んでいる場合もあります。ここでは、現場レベルで改善できそうな要因にクローズアップしましょう。

低モチベーション・やらされ感をもたらす原因群は、大きく3つのゾーンに分けられます。

①信頼・愛着ゾーン
②過剰期待ゾーン
③あいまいゾーン

まずは、あなたのチームの低モチベーションの原因はどのゾーンにありそうか、次のページの図でアタリをつけてみましょう（え、全部当てはまるですって!?）。

信頼・愛着ゾーン

「リーダーやほかのメンバーを信頼していない」
「会社やチームへの帰属意識がない」

モチベーションの低さの裏には、メンバーの組織や人への信頼・愛着の薄さがあります。

☑ 低モチベーション・やらされ感の原因群

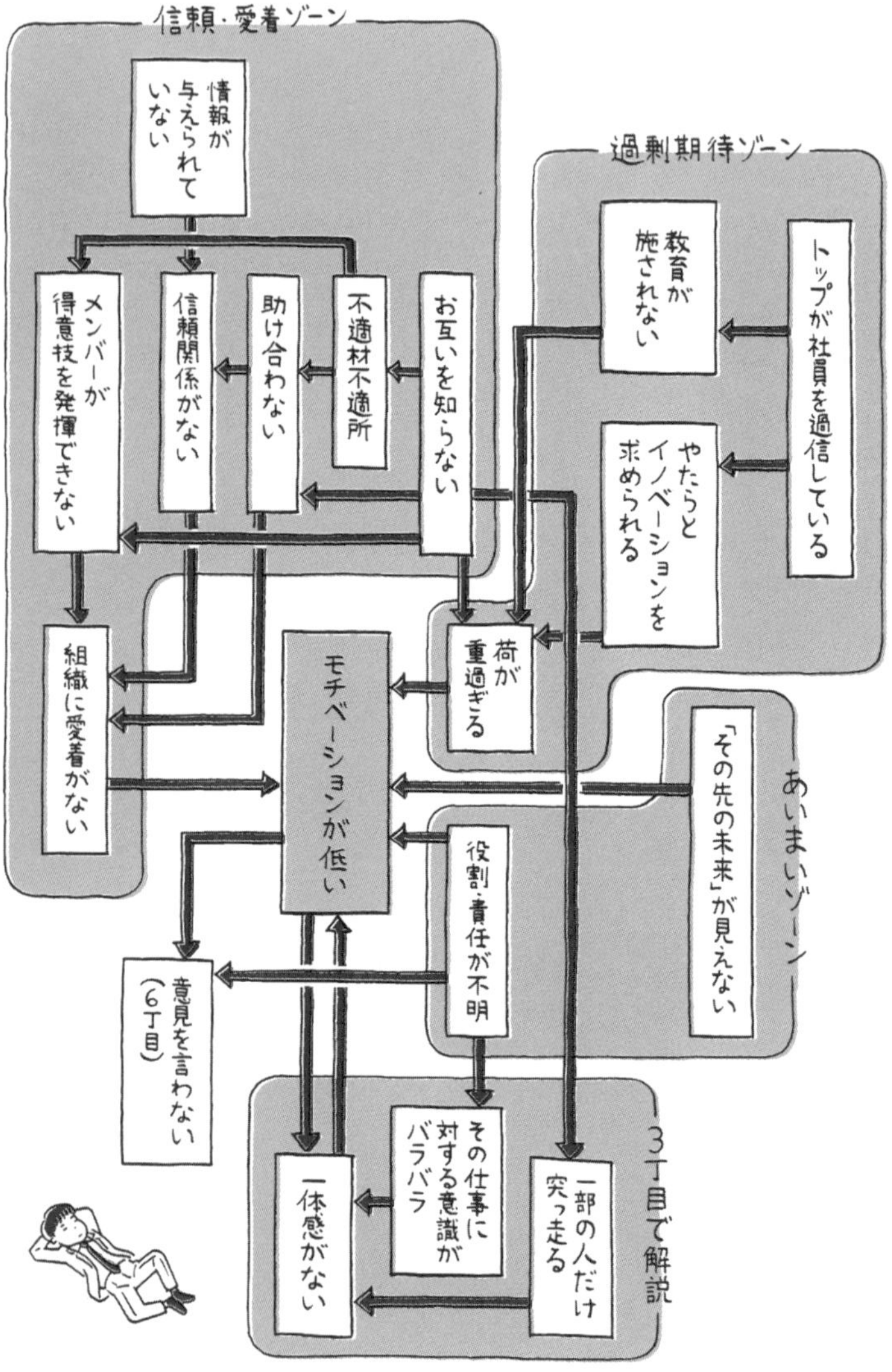

得意技を発揮できない

「経理のプロなのに、なぜか営業に回された」
「Ｗｅｂデザインが得意なのに、事務作業しかさせてもらっていない」
「海外のビジネス経験が豊富。でも、異動してからずっと国内畑……」

雇われ人であれば、だれもがこんなもどかしい思いをしたことがあるのではないでしょうか？

もちろん、会社組織である以上、本人がやりたい仕事、得意な仕事が割り振られるとは限りません。あるいは、組織のため、本人のためを思って、上司はあえて不得意な仕事を部下に任せることもあるでしょう。ただ、どんな事情があるにせよ、やりたい仕事ができない、得意な知識や技術を発揮できない状態が長続きすると、人のモチベーションは下がってしまうものです。

だって、人間だもの

☑ 信頼・愛着ゾーンの詳細地図

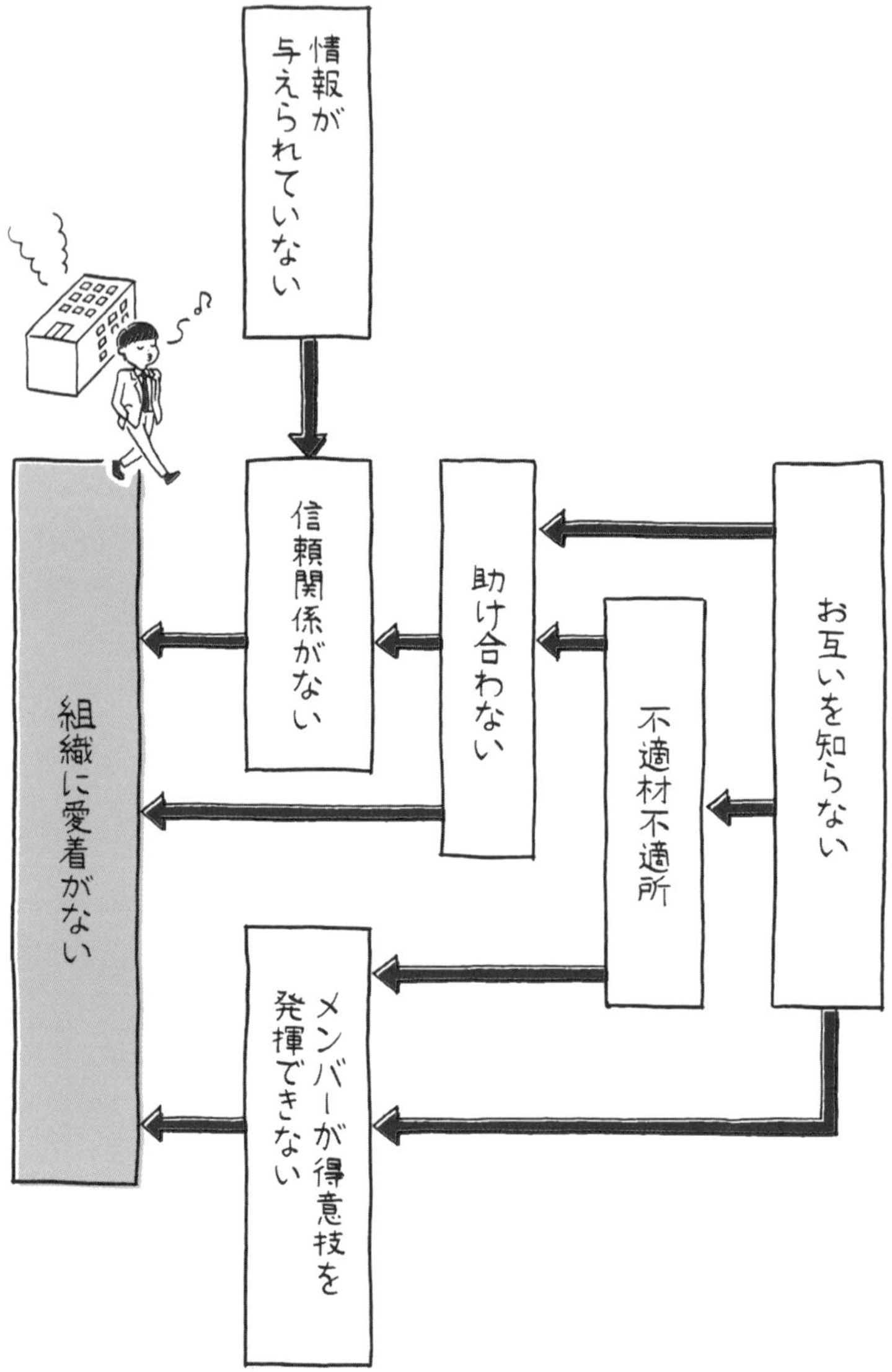

ここで、悲しいエピソードを1つ。一部上場の大手企業（老舗の製造業です）の、とある技術部門でのお話です。

ある日、2人の課長代理が呼ばれ、今までとはまったく畑違いの業務を命じられました。過去の知識や経験がまったく通用しない世界。上司には罵倒され、若手にはなめられ、取引先には不憫に思われ、肉体的にも精神的にもつらい日々が続きます。やがて、1人はその状況に耐えかね、会社を辞めてしまいました。残った1人は……その後、課長に昇進。

じつはこれ、管理職昇進のための試練だったそうです。ただし、本人たちへの事前説明はいっさいナシ。「獅子は千尋の谷にわが子を落とす」それがおこなわれたのです。

このやり方の良し悪しは、企業の組織風土によるので、一概には評価できません。しかし、管理職候補に挙がるくらい優秀な社員を1人失ってしまったことは、まぎれもない事実。辞めた1人は、会社や上司に不信感を抱いたことでしょう。会社にとっても、本人にとっても、不幸な結末になりました。

せめて、事前に本人に意図が伝えられていれば、モチベーションを持ってチャレンジできたのではないか？　そう思うと、残念でなりません。

では、得意技を発揮できない、もどかしい職場環境は、どのようにして生まれるのでしょうか？　続きます！

不適材不適所

「なぜ、この仕事が自分に割り振られているんだろう？（ほかに適任者がいるのに……）」

「私、英語が得意なのに、なんで海外とやりとりする仕事を振ってくれないのっ！！！」

「苦手な仕事をずっと任されていて、正直つらい」


仕事と人とのアンマッチ。これでは、メンバーは得意技を発揮できないですよね。

さらに、こんなケースもあります。


「定時後にビジネススクールに通いたいのに、仕事量が多すぎる」

「明日、娘の運動会だから今日は早く帰りたいんですけれど……（なぜ、このタイミングで、この仕事が私に振られるの!?　だれも代わってくれないし）」


その人が置かれている状況と、仕事とのアンマッチ。多少はいたし方ないにしても（仕事ですから）、常態化すると、リーダーや組織への不信感がはぐくまれます。

そして、不適材不適所の根底にあるのが……

お互いを知らない

そもそも、あなたはチームメンバーの得意技を知っていますか？　プライベートな状況を知っていますか？

「あれ、言われてみれば、隣の席の○○さん、今までどんなことしてきて、何が得意なのか知らないぞ……」そんな声が聞こえてきそうです。それでは、得意な仕事を相手に任せようがないですよね。相手のこと、知らないんですもの。

・チームメンバー同士、お互いがお互いを知らないと
↓助け合わない（というより、助けようがない）状態が生まれます。
・リーダーがメンバーのこと知らないと
↓仕事と人のアンマッチ、すなわち、不適材不適所の人材配置が生まれます。

かくして、信頼関係のない、モチベーション低空飛行の職場が着々とできあがります。

さらに、メンバーのモチベーションの低さに拍車をかけるのが……

情報が与えられていない

情報が知らされない。これまた、そこで働く人たちのモチベーションを下げかねません。とりわけ、組織体制や人事異動などの重要情報の展開は大事です。

重要情報を与える＝相手を信頼する証。裏を返せば、人は情報を与えられないと、相手から大切に思われていないと感じるようになります。

過剰期待ゾーン

経営者やリーダーが、社員やメンバーの能力を過大評価している。その結果、過剰な期待をかけすぎている。それがモチベーションの低下を招いている可能性もあります。

①イノベーションかぶれ

「イノベーション」「グローバル」「ダイバーシティ」

この3つ、経営者が好む3大頻出単語といっても過言ではありません。中でも「イノベーション」は、いまや猫も杓子も1つ覚えのように唱えている、筆頭耳タコワードです。

☑ 過剰な期待が生む不幸

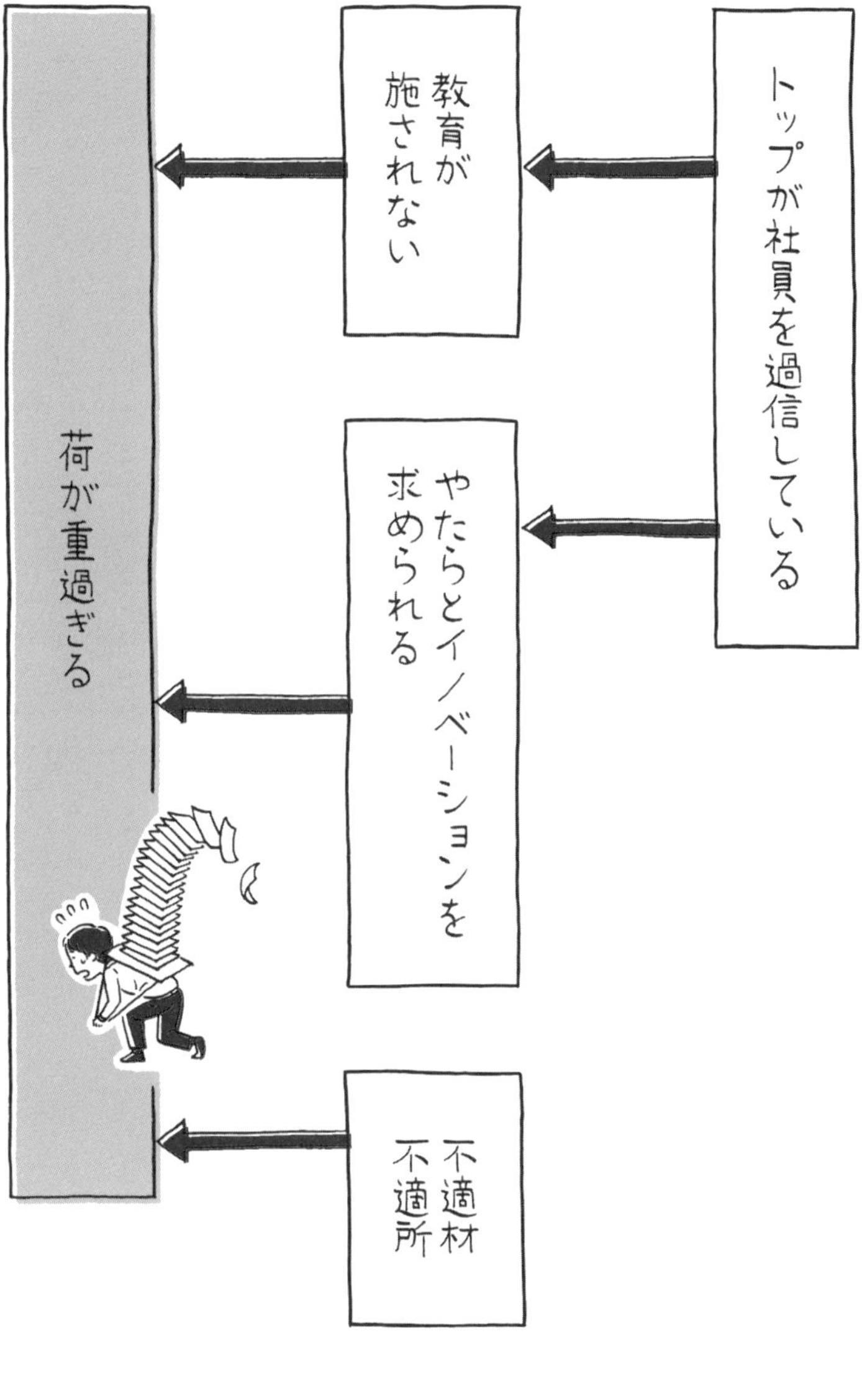
トップが社員を過信している
教育が施されない
やたらとイノベーションを求められる
不適材不適所
荷が重過ぎる

自分の部下ならデキると思って、「イノベーション」を期待する。ところが、多くの現場の人たちから、たびたびこんなホンネを聞きます。

「上がいちいちイノベーションを求めてくる。正直重たい」
「イノベーションって言われても、何をしたらいいのかピンとこない」
「そもそも『イノベーション』を考える時間も能力もないんですけど……」

なかには

「そもそも、上がイノベーションが何たるかをわかっているのか？　地道な改善じゃダメなんですか？」
「ただ『イノベーション』って言いたいだけなんじゃないの？」

なんて辛口な不満を言う人も。もちろん、イノベーションは大事ですし、組織の成長のために必要です。……が、ちょっと待ってください。

本当にイノベーションが求められる仕事、部署はどれだけあるでしょう?

それよりも、まずありきたりで当たり前の改善こそが大事ではありませんか?

いちいち「イノベーションはあるのか?」と部下に因縁をつけていると、組織は思考停止に陥ります。地道な業務改善や、ちょっとした工夫こそ評価してあげるべきです。

ここで一句。

イノベーション　叫べば下がる　モチベーション

②適切な教育が施されない

「うちの社員は優秀だ。だから、自分たちだけでデキる」

そう思っている経営者やリーダー。そして、二言目には「自分たちのチカラで何とかせい」。ええと、社員に誇りを持つのはいいですが、ないもの（能力・知識・経験）はないんですってば。

ろくな教育を施さずに、高い成果だけを求める。それ、ムシが良すぎやしませんか？無理に社員だけでがんばらせようとせず、きちんと予算をとり、外注して専門家の力を借りさせるなり、外部の研修や講演会を聴講させるなりしましょう。

あいまいゾーン

目的が不明。終わりが見えない……。あいまい・あやふやがもたらす罪については3丁目でも触れましたが、再び出ました、あいまい問題。ここでは、2つの代表選手に登場願います。

☑ あいまいは組織の罪

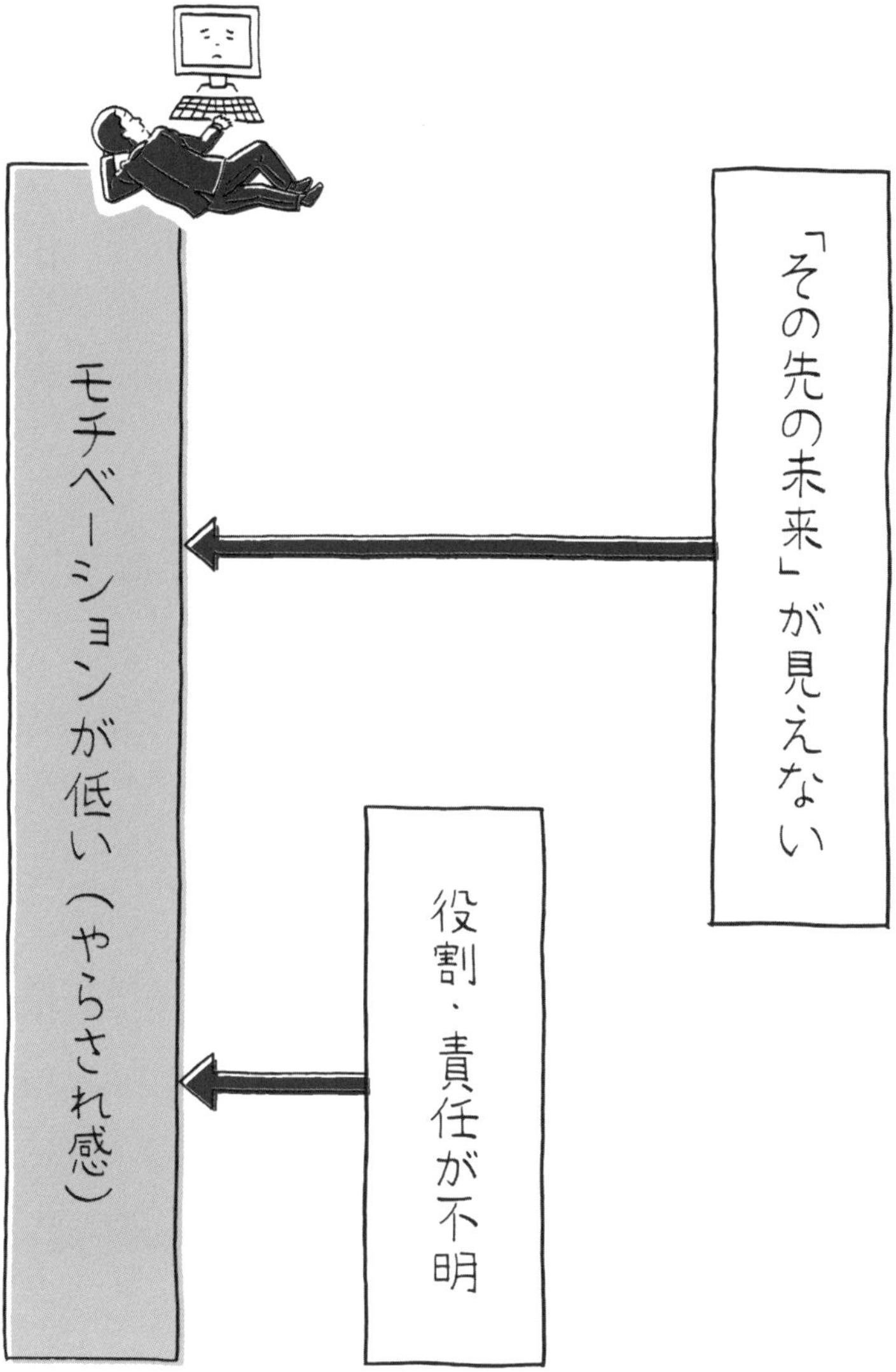

①役割・責任が不明

3丁目に続いて再登場。各々の役割や責任があいまいな状態は、メンバーのモチベーションを大きく下げます。

「私には何が期待されているのだろう?」
「どこまでやっちゃっていいいんだろう?」

役割・責任が曖昧な状態は、時にメンバーを思考停止に陥らせます。また、部下やメンバーへの丸投げも要注意です。たまに「俺、信頼されているぜ」と喜ぶ人もいますが、「都合よく何でもかんでも押し付けられているだけなのでは? 私って、ただの『便利屋』!?」と思い、リーダーへの不信感を募らせる人も少なくありません。

役割・責任は明確に!

②その先の未来が見えない

「このプロジェクトが終わった後、自分はどう成長しているのか?」

「この仕事を通じて、どんなスキルが身につくのか?」

「この仕事が終わったら、次はどんな仕事が待っているのか?」


先が見えない。それにより不安を感じ、モチベーションを下げる人もいます。

またまたエピソードを。私は、さまざまな企業で業務改善のお手伝いをしていますが、ある会社で会議改善の講義をしたときのことです。「会議の運営を見直し、良い会議にしたら、どんないいことがあるでしょうか?」と問いかけたところ、何人かからこんな衝撃的な反応を得ました。


「そもそも、良い会議を体験したことがないからイメージできません」

「えっ、会議って、部長のつまらない話をひたすら堪える場じゃないんですか?」

「『会議を運営する』って発想がありませんでした……」


なんと、受講者の半分近くが、改善した後の世界を知らない、想像できない。これでは、改善のモチベーションが上がりませんね。「その先の未来のイメージを見せる」まずはそこからやらねばと実感しました。

知る場を設けよう

3つのゾーンの原因たちが織り成す、モチベーション問題。どうやって打開しましょうか？

まず大事なのが、「知る場を設ける」ことです。

- **人を知る**
- **製品を知る**
- **会社（組織）を知る**

この3つは、組織への愛着や帰属意識を醸成するのに欠かせない要素です。とりわけ、「人を知る」取り組みは、どんな職場でも大事。社員同士、メンバー同士、お互いが知る場を設ける。リーダーには率先して取り組んでいただきたいです。

☑「知る」を誘発するオフィス空間
（株式会社メディアシーク）

気軽に打ち合わせやリフレッシュできるパブリックスペースを配置（「人を知る」を促進）

オープンな空間で勉強会や発表会を実施（「知識を知る」を促進）

・いつもの定例会議。最後の10分は、各メンバーの取り組みを発表する時間にする
・週1回は、チームメンバーで昼食を一緒にとる
・ほかのチームと合同で勉強会をする

こんなちょっとした取り組みでも、2～3ヶ月も続ければ、職場の雰囲気がだいぶ変わってきます。自然と会話が生まれるようになります。そこで働くモチベーションが上がります。

社員同士の「知る」を促進するために、オフィスの空間作りに工夫を凝らす企業も増えてきました。たとえば、東京・港区に本社をおく株式会社メディアシークでは、社員が行き来する動線上にオープンスペースを設けて、社員同士のコミュニケーションを促進しています。気軽に打ち合わせや作業ができる卓を設置し、だれがどんな仕事をしているのか知ることができます。社内の勉強会や事例発表会も、オープンスペースで実施。閉ざされた会議室でおこなうのと異なり、他部署や他チームの社員が通りすがりに人や知識を知ることができます。

☑ 愛着醸成プロセス

へえ、ウチの部署にもこんな面白いヤツがいたんだ
知る
ウチの部署、けっこう楽しいかも!
好きになる
だったら、こんな新しいコトもできそうだな。考えて提案してみよう!
行動する

人は、知れば好きになり、好きになれば主体的に行動するようになる生き物です。知る⬇好きになる⬇行動する。この循環がさりげなく生まれる仕組みを作りたいですね。

情報共有の順序にも気配りを

人は、情報が与えられないと不安になります。不安は不満に変わります。そして、不満はリーダーや組織への不信につながります。

しかし、ただ単に情報を流せばいいというものでもありません。だれに、どのタイミングで共有するか？　順序にも気を配りたいものです。

たとえば、あなたがあるチームの課長だとして、組織体制の変更や人事異動の情報を入手したとしましょう。

・他部署や社外の人が、自チームのメンバー（社員）よりも先に知っていたとしたら？
⬇メンバーのモチベーションは下がりますよね
・課長代理・一般社員・外注さんに同じ場、同じタイミングでいっせいに伝えたとしたら？
⬇課長代理は面白くないですよね

できれば、課長代理⬇一般社員⬇外注さんの順に個別に知らせましょう。情報を先出しにすることで、相手にプレミアム感を持たせる。ちょっとした工夫が、メンバーのモチベーションを向上させます。

知るための時間とお金を惜しまない

社員に「イノベーション」「主体性」を求めたい——ならば、そのための知識習得やレベルアップに時間やお金を惜しまないようにしましょう。

- **外部研修や講演を受けさせる**
- **他社との勉強会に参加する**
- **外部のコンサルタントに参画してもらう**

中だけで何とかしようとせずに、外を活用するのです。

これには、未来が見えなくて不安を感じているメンバーの背中を押す効果もあります。

自組織が体験していない未来は、社内の人は語りようがありません。よって、先に体験した外（他社など）の人から聞いて疑似体験するしかないでしょう。そうして、未来への不安が払拭できたなら、メンバーは自走し始めます。加えて、教育にしっかり時間とお金をかけてくれることにより、チームメンバーの組織への愛もモチベーションも高まります。

「やらされ感」を「やったろう！」に変えるには時間がかかります。人はすぐには変わりません（だって、人間だもの！）。でも、「まあ、やってみてもいいかな」くらいになら前進できるかもしれません。高望みせず、まずはそのレベルを目指しましょう。そして、それはリーダーのちょっとした仕掛け作りと工夫で十分達成できます。

COLUMN

それでも気合と根性で出社する日本人

日本人は、とかく仕事に対して真面目であると言われています。

モチベーションが高かろうが低かろうが、がんばっちゃう。

品質にこだわる。

あきらめない、やりとげる。

上からのプレッシャー、下の自発的な意識の2つの要因が、さらにはその2つが織り成して醸成された組織文化が働いているでしょう。

ここでは2つ目の要因、社員の自発的な意識について考えてみましょう。これを掘り下げていくと、人間の心理的な欲求と向き合うことになります。

最近、都心でも増えてきた大雪や台風の上陸。そんな時くらい休めばいいのに、多くの人はいつもより早起きして駅に向かいます。そして、いつまでたっても来ない列車を人ごみの中で待ち続け、時に駅員に文句を言いつつ、やっと来た阿鼻叫喚の大混雑列車で（あるいは路線バスなどを乗り継いで）会社を目指すのです。言うまでもなく、その時間は会社にとっても個人にとっても、何のメリットももたらしません。

雪が降ろうが台風が来ようが、気合と根性で出社する気質。「生真面目な国民性だからね」でさらっと片づけがちですが、それではいつまでたっても働き方はポジティブシフトしません。生真面目気質の裏にある、人間の欲求を見てみましょう。

自分ががんばっていると認めてもらいたい、PRしたい

人には、まわり（上司、同僚など）から認めてもらいたい欲求があります。これを「承認欲求」といいます。出世欲がない人でも、まわりから手を抜いている人だと思われたくない。プライドが働いて、がんばって出社しようとするのです。

さらに……

自分の仕事が、止めても問題ないものだと思われたくない

意外と気づきにくいのがこれ。たいていの仕事は1日2日止めたところで何とかなってしまうものなのですが、それを自ら証明したくない——そんな防衛本能が働きます。

止めても問題ない仕事だと思われたら、自分の仕事の価値が下がる。自分の存在意義がなくなる。「やがて、その仕事が軽視され、なくされてしまうのではないか？」と不安に

すらなる。すなわち、「安定欲求」の裏返しです。

加えて、新入社員や中途入社したての社員の場合は、有給休暇の付与日数が少ない。これが、気合と根性の出社を後押しします。

休暇のクレジットを減らしたくない。特に小さな子どもがいる社員は、万一子どもが病気をしたときのために有給休暇を残しておきたい。よって、出社できるときは出社しておこうとがんばります。子どもがインフルエンザに罹ったり、学級閉鎖にでもなったら、一発でアウトですから。そもそも、家族持ちベテランの中途社員も、新入社員も有給休暇の付与日数が同じ人事制度に問題ありだと思いますが……ライフステージがまったく違うのに。


「雪の日くらい、休んだら？」

「その仕事、無理してやらなくてもいいんじゃないの？」

「別に、今日やらなくたって大丈夫でしょう？」


この考えがなかなか社員に浸透しない要因は、そこにあります。

では、どうするか？　なかなか難しい問題ですが、解決策の1つに、在宅勤務（テレワーク）の活用があると考えます。優先度の高い仕事はもちろんのこと、不要不急の仕事も自宅で対応できるようにすることで、「出社はできないけれど、業務は止めない」状況を作ることができます。結果、会社が助かるのはもちろんのこと、働く人たちの自尊心と安心感が守られます。

認めてほしいさ、人間だもの。

人の心理的欲求は、なかなか変えられません。ならば、働き方側を変えて、人の欲求にうまく合わせるしかないでしょう。

仕事の問題地図

BUS

5丁目

期限に終わらない

行先

「進捗しない」仕事

「ムリ・ムダだらけ」の仕事

期限遵守を阻む4つの要因

「仕事が期限に終わったためしがない」
「期限を守らなくちゃとは思うんだけれど、なぜか終わらないんだよね……」
「え、期限って、ただの努力目標じゃないんですか？」

毎度、遅延を繰り返すチーム。そのうちメンバーは開き直り、遅延が当たり前の風土が生まれてしまいます。そして、いつのまにかあなたのチームはだれからも信頼されない「残念な集団」に……。

はてさて、この悪習、どう断ち切ったものか？　ある管理職は、こう言います。

「気合が足りないからだ。気合と根性で、這ってでも期限までに仕事を終わらせろ！」

出たっ、旧態依然の体育会系根性論！　時には必要かもしれませんが、根性論だけを振りかざしていると、4丁目で見たモチベーション低下の世界にまっしぐらです。

なぜ、あなたのチームは期限までに仕事を終えることができないのか？

4丁目のモチベーション低下と同様、大きく4種の原因群が、今日もあなたたちの仕事の足を元気に引っ張っています。

①柔軟性がない
②計画・管理が甘い
③知識・スキルがない
④過度な自責意識

柔軟性がない

環境の変化に柔軟に対応する――個人に、そしてチームにその能力がないと、たちまち仕事は遅れ始めます。柔軟性のなさとは、次の2つに「対応できない」状態を指します。

①変更に対応できない

「ごめん、本部長からの指示で、予算を減らすことになった。当初の計画より予算1割減

☑ だから期限に終わらない

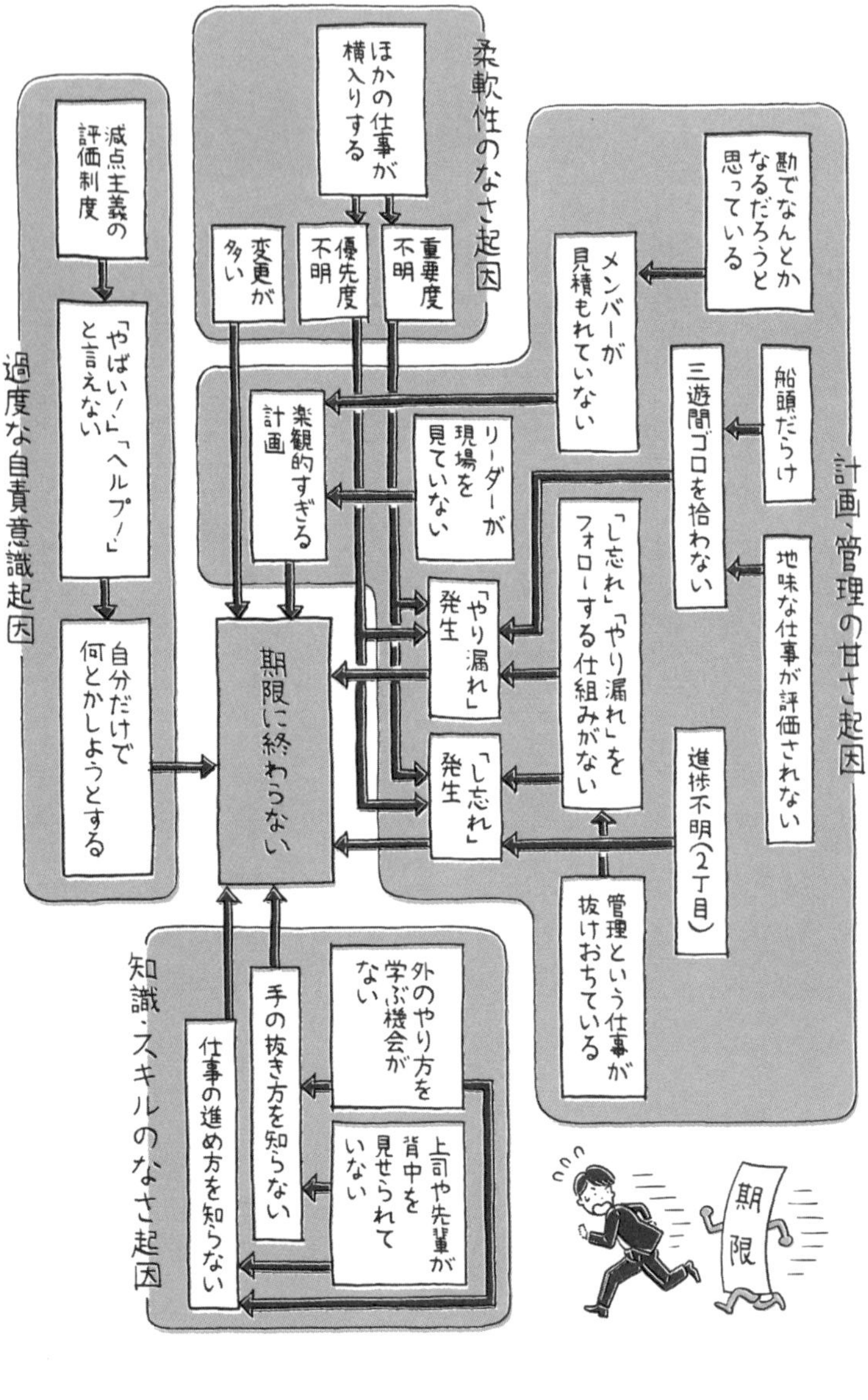

で対応してください」

「この間の展示会のレポート、紙だけじゃなくて、Ｗｅｂでも公開することになったからよろしく」

「来月のウチ主催の講演会、デザイン部も発表したいって言ってきてね。今から調整頼むよ」


計画とは生きものです。仕事の大きい小さいに関わらず、何らかの変更は発生します。むしろ、当初の計画どおりコトが運ぶことは稀でしょう。

ここで「話が違います！」と文句を言っても始まりません。ある程度の変更は想定して、対応できるようにしておきたいものです。

②横入りに対応できない

「ちょっといいかな。至急の仕事を1つお願いしたいんだけれど」

「主任、大変です。トラブルが発生しました！」

「すみません、ちょっとお聞きしたいことがありまして……」


ほかの仕事の横入り。これも、メインの仕事の計画を狂わす大きな要因になります。1

つの仕事だけやっていればいいのなら、だれにも邪魔されず自分の仕事だけに集中できたら、余裕で期限内に終えることができるのに、なかなかそうもいきません。突発オーダー、緊急オーダー、トラブル、クレーム、問い合わせ……さまざまな横入りが、あなたの行く手を阻みます。

計画・管理が甘い

計画変更や横入りは、天災のようなもの。避けることはできません。避けられないのだから、せめてきちんとコントロールしないとマズいわけですが、仕事の計画自体が甘く、無管理状態！　仕事の「し忘れ」「やり漏れ」が次から次に発生。そこに、さらに突発仕事が横入りするものだから、もう地獄絵図。これでは、仕事を計画どおり終えるなんて、夢のまた夢ですね。そこには2つの「甘い」が微笑んで、悪さをしています。

①見積もりが甘い

そもそも、仕事の計画が甘い。スケジュールはギリギリ。変更や横入りなどいっさいない前提。快晴・無風状態を想定して船出するかのごとく、何のリスクも想定していない。

☑ 横入りが計画を狂わす

そんな楽観的な計画は「計画」とはいえません。
どうして楽観的な計画ができあがってしまうのか？

- **メンバーの経験や知識のなさ、仕事に対する意識の低さ**
- **リーダーの現場に対する無知さ**
- **勘頼みの仕事のやり方（＝作業工数や期間を見積もれない）**

などが考えられます。ううん、まいったね、コリャ。

②フォローが甘い

どんなにやるべき作業が多くても、どんなに横入りや変更が多くても、だれかが進捗を問いかけてくれれば「し忘れ」「やり漏れ」は防げますよね。そういった進捗管理の仕事をする人の存在は、ある程度の規模の組織ではなくてはならないのですが……管理という仕事がバッサリ抜けおちている！（特に、目立ちたがり屋さんばかりのチームだと、地味な管理仕事はだれもやりたがらない）

みんな目先の仕事に黙々と一生懸命。だれが何やっているのか、どんな進捗なのか、リーダーですらわからない。そして、ふと顔を上げたら「し忘れ」「やり漏れ」だらけ。手戻りの嵐。そして、みんな仲良く遅延！　あいたたた。

知識・スキルがない

仕事の進め方を知らない。あるいは、手の抜き方を知らない。仕事を進めるための能力がない。このような無知やスキル不足も、仕事を遅らせる大きな要因になります。

「正しく手を抜く」「後回しにする」「やらない」そんな一見ネガティブな行動も、時には重要。すべての横入りに懇切丁寧に付き合っていたら、計画どおりになんて絶対終わりません。ところが、根が真面目な私たち日本人。どうしても、すべての仕事に真剣に向き合おうとする。その結果、横入り仕事の渋滞が１km、２km、３kmとどんどん長い列に……。

ところで、仕事の進め方や手の抜き方、どうやって学習したらいいでしょうか？　身近な上司や先輩から教わるのが一番ですよね。特に、手の抜き方については、教科書は教えてくれません。あるいは、外（他部署、社外）の人から学ぶ手もあります。

ここで質問です。あなたの上司や先輩は仕事のやり方、手の抜き方を教えてくれていますか？　あなたに背中を見せてくれていますか？

☑ 2つのあま〜い罠

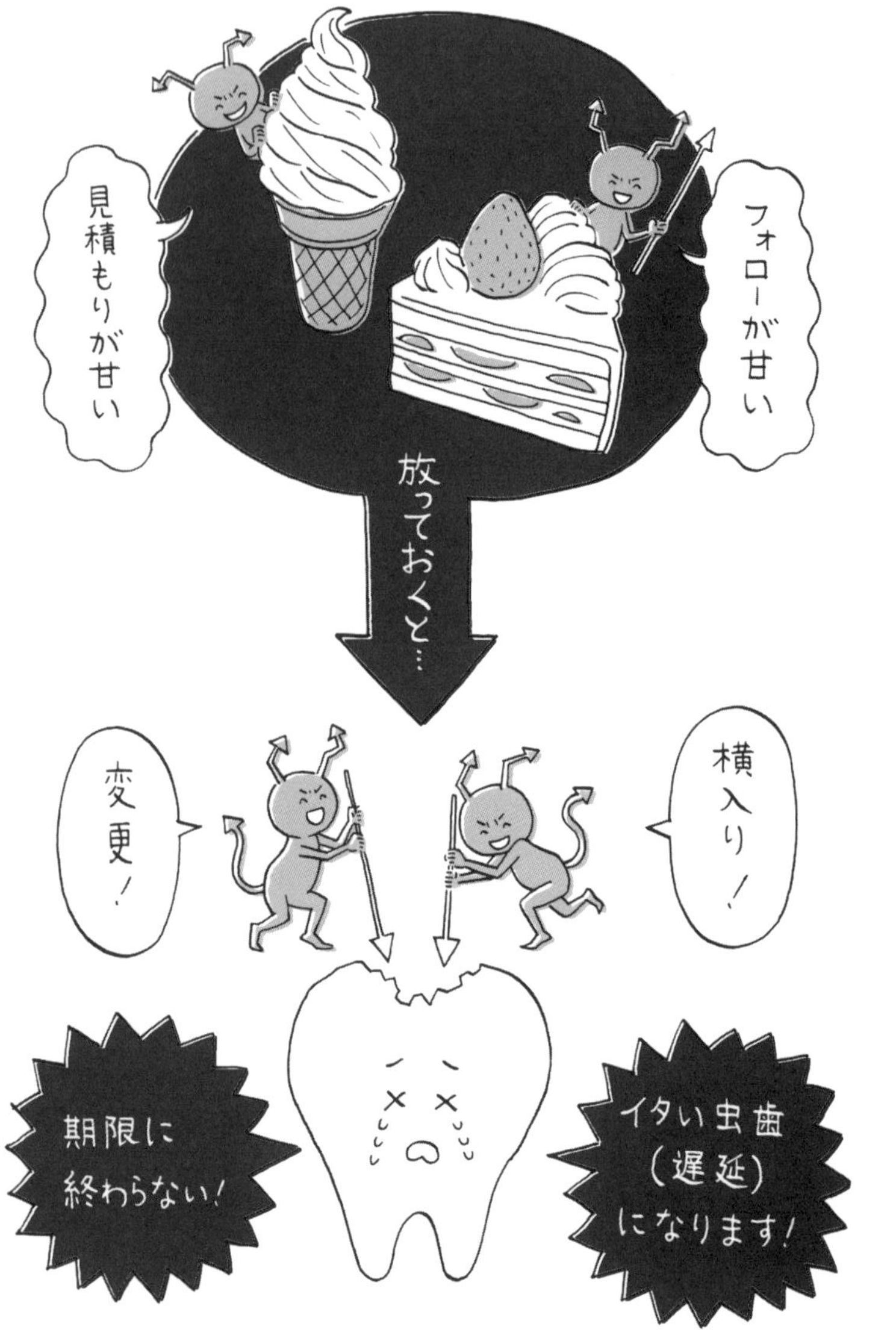

過度な自責意識

意外と厄介なのがこれ。自分の仕事を、何としてでも自分だけでやろうとする。課題や悩みを1人で抱え込む。

上司が「進捗どう?」と聞いても、メンバーからは「問題ありません」と返ってくる。リーダーが「手伝おうか?」と言っても、「大丈夫です。自分でやりますから」の1点張り。それでは問題・課題が顕在化しないですし、助けようもありません。その背景には、次のような要因が絡み合っています。

- **「やばい!」「ヘルプ!」と言えない**
- **「だれかに頼るのはよくないことだ」「まわりに迷惑をかけてはいけない」**
- **「これくらい、自分でなんとかでしなければ」**
- **自分で何とかできなかったら評価が下がる**

生真面目な日本のビジネスパーソン、自分から「助けて」とはなかなか言えないようです。で、とりあえず自分1人でがんばっちゃう。でもって、問題が大きくなり、いよいよ自分1人の手に負えなくなってからリーダーに助けを求める。時、すでに遅し。大幅遅延決定。

「なぜ報告しなかったんだ！」

怒鳴るリーダー。いえいえ、メンバーだけを責めたらかわいそうですよ。本人に悪意はありません。一生懸命やろうとしたんです。忙しいリーダーに余計な心配かけたくない、まわりに迷惑をかけてはいけない、自分の評価を下げたくないと思って。この状況、「助けて」の声を上げやすい仕組みや環境を作らなかったリーダーにも責任があります。

ここまで紹介した。計画の足を引っ張る4匹の河童。この4匹の河童に対抗するには、大事な仕事を計画どおりに終えるには、どうしたらいいでしょう？　5つの悪知恵（？）を提供します。

☑ 計画の足を引っ張る、4匹の河童

変更をコントロールする〜変更管理

どんな仕事にも、計画の変更はつき物。ならば、それをコントロールするしかありません。

「あ、この機能も追加しておいて」

「画面はやっぱりこうしてもらったほうがいいな」

そんな要望の追加や変更が多いＩＴ業界には、「変更管理」という考え方があります。担当者が個人の判断で変更に対応していたら、メチャクチャになります。また、すべての変更を受け入れていたらキリがありません。きちんとしたプロセスに沿い、組織レベルで変更をコントロールする必要があります。

変更管理のおおまかな流れは次の図のとおりです。しかるべき有識者や関係者を呼んで検討会をおこない、変更の目的やリスクを評価し、変更をする／しないの判断をし、さらには変更計画をきちんと合意しましょう。

時に、スケジュールの延期判断もアリです。「関係者の合意の下に、期限を延ばす」のは、

☑ 変更管理の流れ

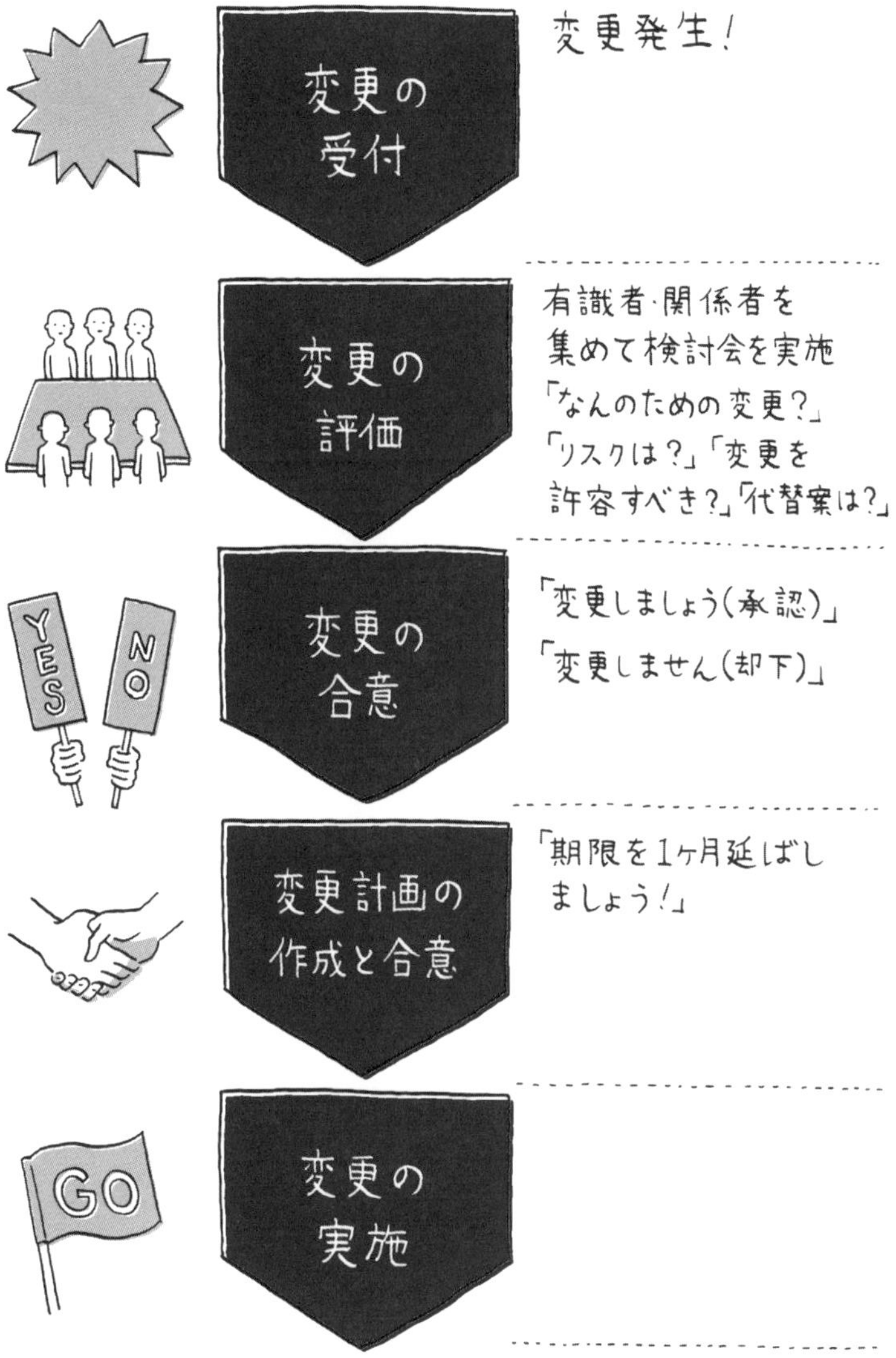
変更の受付
変更発生！
変更の評価
有識者・関係者を集めて検討会を実施
「なんのための変更？」「リスクは？」「変更を許容すべき？」「代替案は？」
YES
NO
変更の合意
「変更しましょう(承認)」
「変更しません(却下)」
変更計画の作成と合意
「期限を1ケ月延ばしましょう！」
GO
変更の実施

決して残念な延期ではありません。計画された延期と、なし崩しの延期とでは、まったく意味が違います。

安心して「忘れられる」環境を作る〜インシデント管理

次に、「横入り」「やり漏れ」「し忘れ」をなんとかしましょうか。ここでも、ＩＴ業界にある「インシデント管理」というやり方が役立ちます。耳慣れない言葉かもしれませんが、インシデントとは「通常の業務の遂行を妨げる何か」だと思ってください。たとえば、突発のオーダー、トラブル、クレーム、問い合わせなど。いわゆる、「横入り」そのものととらえていいでしょう。インシデント管理とは、そのような横入り＝インシデントにどう向き合うかを組織で判断し、対応を計画し、着実な実施をフォローするための取り組みです。

で、どんなことをするのか？　難しくありません。

①まず最初に：インシデント管理簿を作成する（Ｅｘｃｅｌでかまいません）
②「横入り」発生：インシデント管理簿に概要を記入する（個人で）

☑ インシデント管理のイメージ

ExcelでOK. チーム全員で共有できるように!

「横入り」＝インシデントを
発生の都度記入し、進捗の都度更新する

対応優先度をチームで判断～共有。
「今すぐやる」「後日でイイ」を明確に!

インシデント管理簿

No	件名	種別	登録日時	登録者	依頼者	対応期限	優先度	ステータス	対応履歴	所要時間
1	経営会議の資料を作成してほしい	突発オーダー	2016.11.21 14:00	長岡	堀内部長	11.21 18時まで	高	対応中	過去3ヶ月の売上データを週報から抜粋し、パワーポイントにグラフを作成 11.21 17:00対応完了。堀内さん確認	3時間
2	取引先マスターの変更方法について	問い合わせ	2016.11.21 15:30	沼田	営業部 水上さん	至急	高	対応中	分からなかったため、情報システム部高崎さんに問い合わせ中。回答待ち。	対応中
3	注文書が届かない	トラブル	2016.11.21 16:00	湯沢	片貝物産 川口様	至急	高	対応中	注文番号：20161115028が対象。11.21 16:20取り急ぎ、再出力して郵送手配完了。明日、情報システム部に報告し調査依頼したい。	30分
4	見積もり依頼マニュアルの英語版を作成してほしい	要望	2016.11.22 9:45	長岡	人事部 小出課長	12.1	中	対応中	12.1付け着任予定のベトナム子会社からの出向者に提供したいとのこと。11.22 ひとまず対応可否を検討する旨を一時回答した。	対応中
5	品目別の収支データを提供してほしい	要望	2016.11.22 11:20	湯沢	経営企画室 赤城さん	11.25	低	却下	11.22チームで協議し、却下を決定。赤城さんにメール済。	30分
6	……	……	……	……	……	……	…	…	……	8時間
7	……	……	……	……	……	……	…	…	……	5時間
8	新規取引先コードを至急発行してほしい	要望	2016.11.22 10:10	湯沢	設計[illegible]沢さん	至急	高	クローズ	11.22システム制約上、至急は無理であることを回答。最低1営業日かかることを説明した。	20分

「やらない」判断もアリ!

対応履歴は、チームの知識!

対応完了(クローズ)したインシデントは
削除しない! ⇒知識として残しておく

対応所要時間を残しておけば、
今後、同種の横入りに対して
作業時間を見積もれる

週1回など、定期的にチーム全員で確認して
「やり漏れ」「し忘れ」を防ぐ

安心して忘れていいよ。チームが守りますから

③「横入り」発生：対応方針や優先度を決める（チームで）
④週1回程度：インシデント確認会を実施し、進捗を確認する（チームで）

インシデント管理の活動イメージは前ページの図に示しました。すべての「横入り」に対応していたらキリがありません。対応する／対応しないをチームで判断しましょう。判断をしやすくするために、チームで何らかルールや基準を決めておくのもいいですね。

・「横入り」は翌日以降の対応とする
・「横入り作業に対応する時間」を毎日1時間設定しておき、その時間でまとめて対応することとする（メンバー全員のパソコンのスケジューラに設定しておくと、メンバーへの意識づけもしやすい）
・最優先業務をあらかじめ決めておき、それ以外の「横入り」の優先度は下げる
・「横入り」が入った都度、最優先業務の遅延日数を算出し、依頼者と合意してから進める

また、「し忘れ」「やり漏れ」があってはなりません。定期的にインシデント管理簿をチーム全員で確認し、担当者が忘れていたらだれかが指摘できるようにする——このフォローの仕組みこそ重要です。

加えて、インシデント管理簿に、対応する／しないの判断の履歴、対応履歴、所要時間などを記載しておけば、それ自体がチームの知識になりますね。

「あれ、このトラブル、前にも発生したぞ。あの時、だれがどう対応していたっけ？」

「この手の突発オーダー、対応にどれくらい時間がかかるかな……」

過去の知識をもとに、効率よく対応することができます。所要時間を見積もることができます。

また、インシデント管理簿を全員で確認して、「し忘れ」「やり漏れ」があったら指摘しあうことが大事。人は忘れる生きものです。にも関わらず、組織にとって大事な仕事をおこなう／おこなわないを、担当者個人の記憶力や注意力に依存している——それって、とても脆弱かつ無責任ですよね。

「安心して忘れていいよ。チームが守りますから」

これが理想的ですね。

週1回程度、メンバー全員でインシデント確認会を実施する。これは、メンバーからの「助けて！」を引き出す場としても有効です。メンバー各自が抱えている、仕事上の課題やトラブルも立派な「インシデント」です。各自の仕事の進捗確認がてら、そのようなインシデントも申告してもらうようにしましょう。

申告されたインシデントは管理簿に登録し、チーム全員でどう対応するかを協議します。

「この手の調整は、長岡さんが得意だよね。長岡さん、湯沢さんを手伝ってあげてくれる？」

「同じトラブル、私も去年経験しましたよ。あの時の対応のし方、メモをとってあるので、後で探して渡しますね！」

「赤城さんがゴネていて進まないのか……なるほど。これは、僕から赤城さんにかけあうよ」

こうすれば、メンバーはチームに安心感を持ちます。そして、進んで「助けて！」と言えるようになります。

あ、大事なポイントを1つ。リーダーは、インシデントを申告してきたメンバーへの感謝を忘れないでくださいね。「なんで報告しなかったんだ!」の叱責は、もうおしまい。「早めに報告してくれてありがとう」に変えていきましょう。

戦略的雲隠れ

「あ、ちょうどいいところにいた。ちょっとお願いしたいんだけれどさ……」

部下やメンバーがすぐ目の前にいると、ついつい突発の仕事を頼んでしまうもの。そして、目の前の相手からの頼みはなかなか断りにくいもの。でも、じつは優先度の高くない仕事、やらなくてもいい仕事もあるかもしれません。

次の図を見てください。「横入り」の仕事を挟みながら本来の業務をこなす場合と、本来の業務だけに集中した場合の景色の違いです。

割り込みが入った後、すぐに元の仕事に着手できる人はなかなかいないでしょう。都度、「気持ちを切り替える」「思い出す（それまで作業していたファイルを探す、段取りを思い出す、どこまでやったかを再確認する）」時間が発生します。これ、すなわち、「横入り」が多ければ多いほど、本来業務にかかる所要時間が延びることを意味します。よって、できる限り不要不急の「横入り」を減らしたいもの。そのためには、雲隠れするのも大事です。方法は次の3つです。

①在宅勤務（テレワーク）

だれにも邪魔されない自室で、自分の仕事に集中する。在宅勤務の制度があるなら、積極的に活用しましょう。無駄な通勤行為、出社のための準備行為（お化粧したり、スーツを着たり）も省略できるため、生産性も上がります。

②山篭り

山篭りといっても、本当に山に篭るわけではありません。「会議室に篭る」「社員食堂で仕事する」など、ほかの人に話しかけられにくい、自分なりの「山」（＝作業集中スポット）を探して仕事するのです。

☑「横入り」のある風景／ない風景

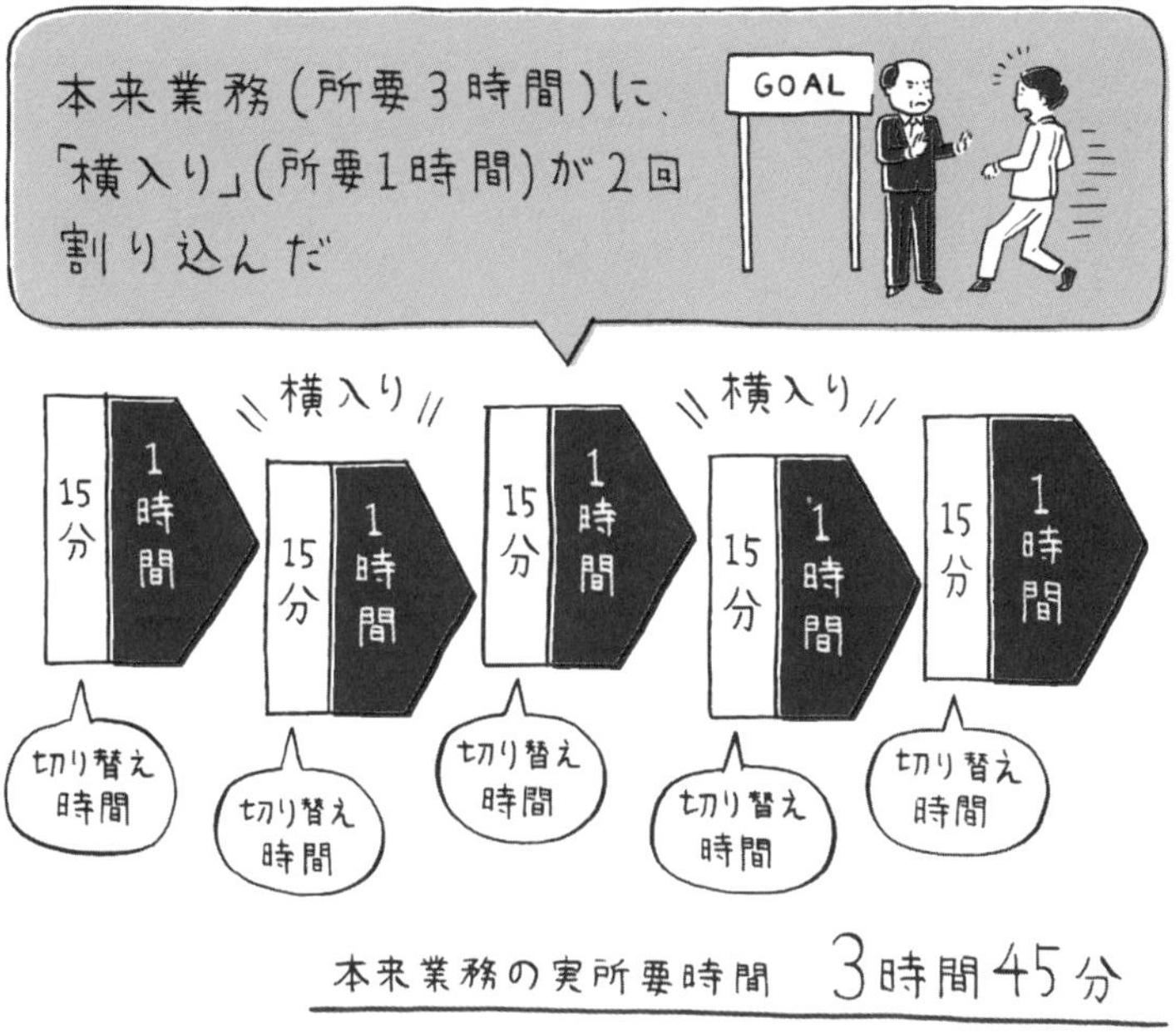

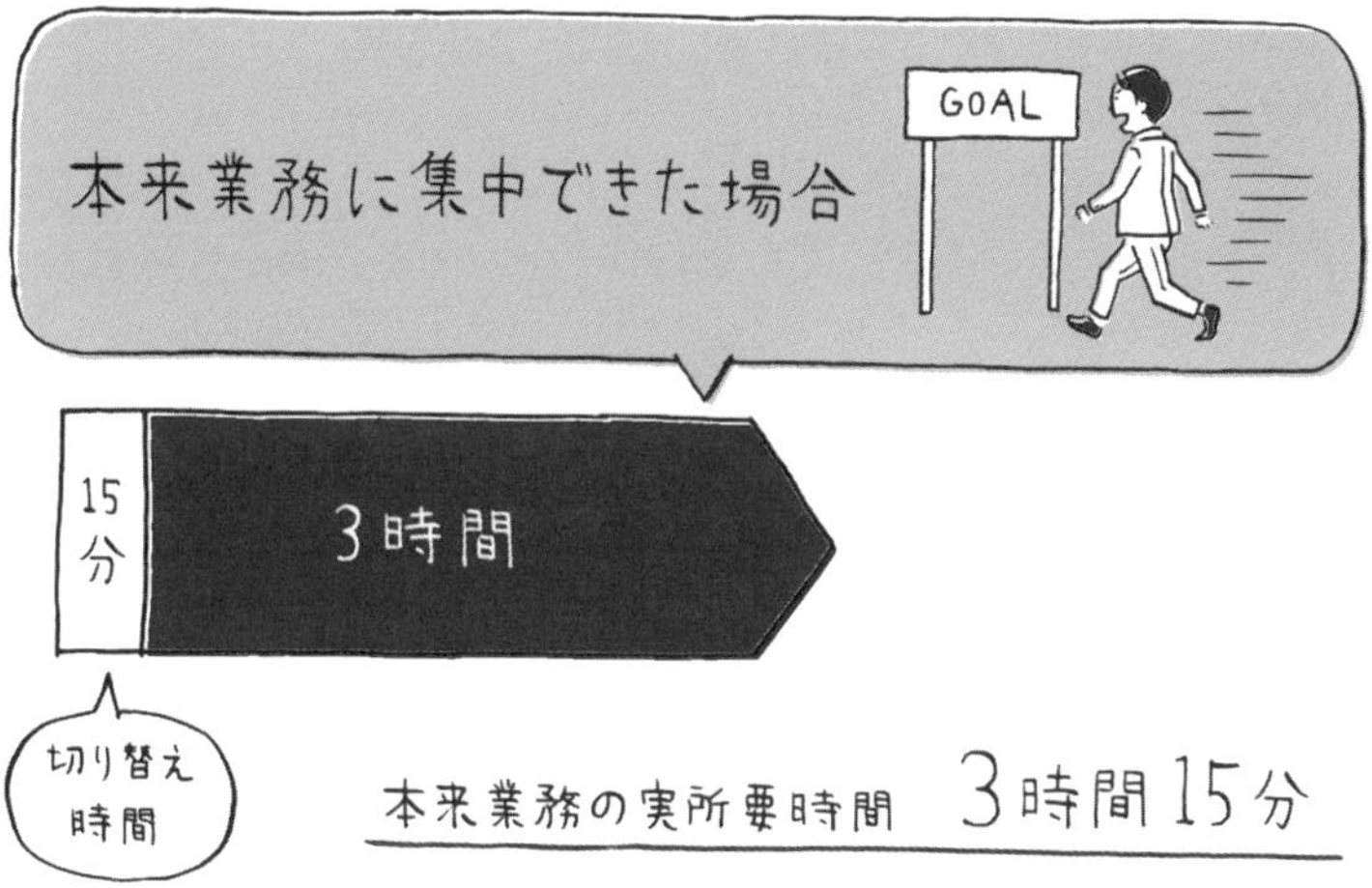

あ、考えごと、アイディア出しなどは、ほんとうに山に籠ったほうが捗るかもしれません。電話もつながらないですし。ただし、熊さんなど野生動物との遭遇や、遭難に注意！

③時差出勤

朝、だれもいない時間に出社して、自分の仕事を高速で片づける。そんな時間差攻撃（？）も、試してみる価値アリです。

ちなみに、私は大学時代、試験前は自分の大学ではなく、自宅の近所の大学の図書館に籠って試験勉強していました。おかげで、友達からの「横入り」（＝雑談、遊びや飲みの誘惑）に惑わされることなく、勉強に集中できました。

えっ、「在宅勤務なんて許したら、部下やメンバーがサボるかもしれない」ですって？不向きな人にはやらせなければいいだけでしょう。自宅のほうが作業が捗る人もいます。そういう人には在宅勤務を許可してあげたほうが、生産性もモチベーションも上がります。

メンバーの特性を理解する。メンバーの生産性が上がる環境を整える——それも、管理職やリーダーの大事な仕事ですぞ。忍法雲隠れ、ドロン！

☑ 時には雲隠れしてみよう

バッファを設けて計画を作る

バッファとは、余裕時間のこと。計画を作る際、空白の時間をあらかじめ設けておきましょう。変更や追加のリスク、やり直しのリスク、担当者の突然の休暇のリスクなどに備えておくためです。

バッファは、予定所要時間の1～2割が妥当と言われています。

- **3時間で終わりそうな仕事なら、完了予定時刻を3時間30分後とする（バッファ＝30分）**
- **1週間（5稼動日）で終わりそうな仕事なら、完了予定日を1週間と1日後にする（バッファ＝1日）**
- **1ヶ月（20稼動日）で終わりそうな仕事なら、完了予定日を1ヶ月と2日後にする（バッファ＝2日）**

早めに終わったならば、バッファは見直しなど品質をブラッシュアップする時間に使えばいいですね。

「そこにバッファはあるか？」

計画を作るほうも、作らせるほうも、指摘するようにしましょう。

コミュニケーションする「場」を作る

チーム内のコミュニケーション——これが何より大事です。

- ・メンバー同士、お互い何に困っているかを知り、手を差し伸べられるようにする
- ・上司や先輩のやり方を知る、学ぶ
- ・チーム内や社内に、経験や知識があるかないかを知る（なければ、外を頼る）

そのための、コミュニケーションの「場」を作りましょう。これは、4丁目でも触れましたね。大事なので再登場させました。人は……

☑ バッファを設けよう

ただし、過積載(バッファの積み過ぎ)には注意！

・飛び込んできた目先の仕事に一生懸命になりがちです
・大事なコトでも、ついうっかり忘れてしまいます
・自分から「助けて」とは言いにくいものです

だって、人間だもの

人ゆえの弱さ、組織の仕組みでもって、優しくフォローしてあげましょう。

COLUMN

緊急度：低、重要度：高の仕事に油断するな

「優先度を決めて対応しよう」どの職場でも口すっぱく言われていることです。ここまで、インシデント対応の決め方をいくつか紹介しましたが、オーソドックスな方法として、緊急度と重要度をかけ合わせた優先度判定マトリクスがよく使われます。

優先度＝緊急度×重要度

緊急度、重要度それぞれを2〜3段階評価して、そのかけ算で優先度を自動判定するやり方です。緊急度、重要度のスコアは、あらかじめチームで定義しておきます。

例

- **緊急度3＝即時対応必須**
  2＝当日対応必須
  1＝翌日以降で問題なし
- **重要度：社外が関係するもの／役員からのオーダー＝3**

☑ 優先度判定マトリクス

優先度 = 緊急度 × 重要度

		重要度		
		高 3	中 2	低 1
緊急度	高 3	9	6	3
	中 2	6	4	2
	低 1	3	2	1

優先度が自動判定される

※あらかじめ重要度と
緊急度のスコアを定義しておくと、
優先度づけの判断がスムーズになる。

こうしておけば、優先度は半ば機械的に判定することができ、悩む時間が短縮されます。
この考え方に沿うと、優先度は次ページの図の4象限に分類されることになります。

最も「し忘れ」「やり漏れ」に注意が必要な象限はどれでしょうか?
答えは、第3象限。すなわち、緊急度：低、重要度：高のインシデント群です。

「え、放置したらまずいのは、第1象限のインシデントに決まってるでしょ!?」

そう思われた方。そのとおりですが、よーく考えてみてください。緊急度も重要度も高いインシデント、たとえば「すぐに復旧が必要な重要システムのトラブル対応」は、みんな言われなくても率先して優先的に対応します。インパクトが大きいものは、意識しやすいし、メンバー同士お互い気にかけていますから。

次に第2象限、緊急度：高、重要度：低のもの。たとえば「新しく中途社員が入ったので入館証を発行してほしい」といったインシデントも、メンバーの意識に残りやすく、忘れられにくいものです。

第4象限に飛んでみましょう。緊急度も重要度も低いインシデントは、まあ忘れても問

☑ 優先度の4象限

重要度
高
低
緊急度
高
低
第1象限
ここは黙っていても皆自然と、スグやる
第2象限
第1象限の仕事が片付き次第、皆自然に、取り組む
第3象限
忘れがち。でも、やり忘れると大問題！
第4象限
忘れがち。でもあまり問題ない。最悪、やらなくてもいい
見落としがち！
第3象限のインシデントの緊急度は時間とともに、低→高に変化する。定期的なインシデント管理簿のアップデートとチーム内共有が大事！

題ありません。依頼したほうも覚えていなかったり。

でもって、第3象限。緊急度：低、重要度：高。こいつが最もクセモノ。急いではいないけれど、いつかやらないとマズい、たとえば「役員からの急ぎでないオーダー」。

「月次報告書、次回からは数字だけではなく、お客様の声も入れるようにしてください」

いますぐやる必要はない。ただ、翌月の報告までには準備しておかないとまずい。この手のインシデント、緊急度は低いのでついつい後回しに、そして忘れてしまいがち。でもって、翌月の報告会直前になって「まずい！」と慌てる羽目に……。

もうお気づきでしょう。緊急度は生きものです。特に第3象限のインシデントの場合、発生時点では緊急度：低でも、時間の経過とともに高に化けます。

インシデントは、ただ管理簿に登録しただけではダメ。定期的、たとえば週1回程度でもかまわないので、インシデント会議を実施し、チーム内で確認するようにしましょう。

「し忘れ」「やり漏れ」を防ぐ効果はもちろん、

・自分1人で悩まなくてよくなった

・だれがなにをやっているのかがわかるようになった

といったポジティブな声も聞こえるようになります。

仕事の問題地図

BUS

6丁目

意見を言わない

行先

「進捗しない」仕事

「ムリ・ムダだらけ」の仕事

上司・部下間の「片想い」

「ウチの社員は大人しくてね。意見を求めても、だれも積極的に発言しないのですよ。考えるチカラがないのかな……」

こう漏らす経営者や管理職がいます。ご安心ください。みなさん、きちんと考えて、意見を言っていますよ。あなたのいないところでね！

ひょっとして、信頼関係の問題？　興味深いデータを2つ紹介します。東京都内のある企業で2016年に実施した、社内アンケートの結果です。

全部門長に「部下と関係性が築けているかどうか」を聞いたところ、95％（20人中19人）がYESと答えました。これを見る限り、上司と部下との関係は悪くなさそうに思えます。

……が、137ページの図を見てください。部下に同じ質問（＝部門長との関係が築けているかどうか）をした結果です。YESと答えたのは62％（127人中79名）。なんと、残りの37％（48名）はNOと回答しています。つまり、上司を信頼していない。

☑「あなたは部下と関係性が築けていると思いますか？」部門長へのアンケート

見事なギャップ！　まさかの片想い!?

リーダーのみなさん。残念ながら、部下はあなたが思っているほど、あなたを信頼していないかもしれません。まずは、この現実を直視しましょう。逃げちゃダメだ！

このギャップはどうして生まれるのでしょう？

さらには、意見を言わない組織風土はどう作られるのでしょう？

もの言わぬ人びとはこうして生まれる

これまた、色とりどりの要因が絡み合っています。

①意見を言う甲斐がない

みんなが意見を言わない、最大の理由はこれです、これ！

「わざわざ意見する甲斐がない」

甲斐といっても、山梨県のことではありません。「生き甲斐」「やり甲斐」などの甲斐です。

☑「あなたは上司と関係性が築けていると思いますか？」一般社員へのアンケート

☑ もの言わぬ人びとはこうして生まれる

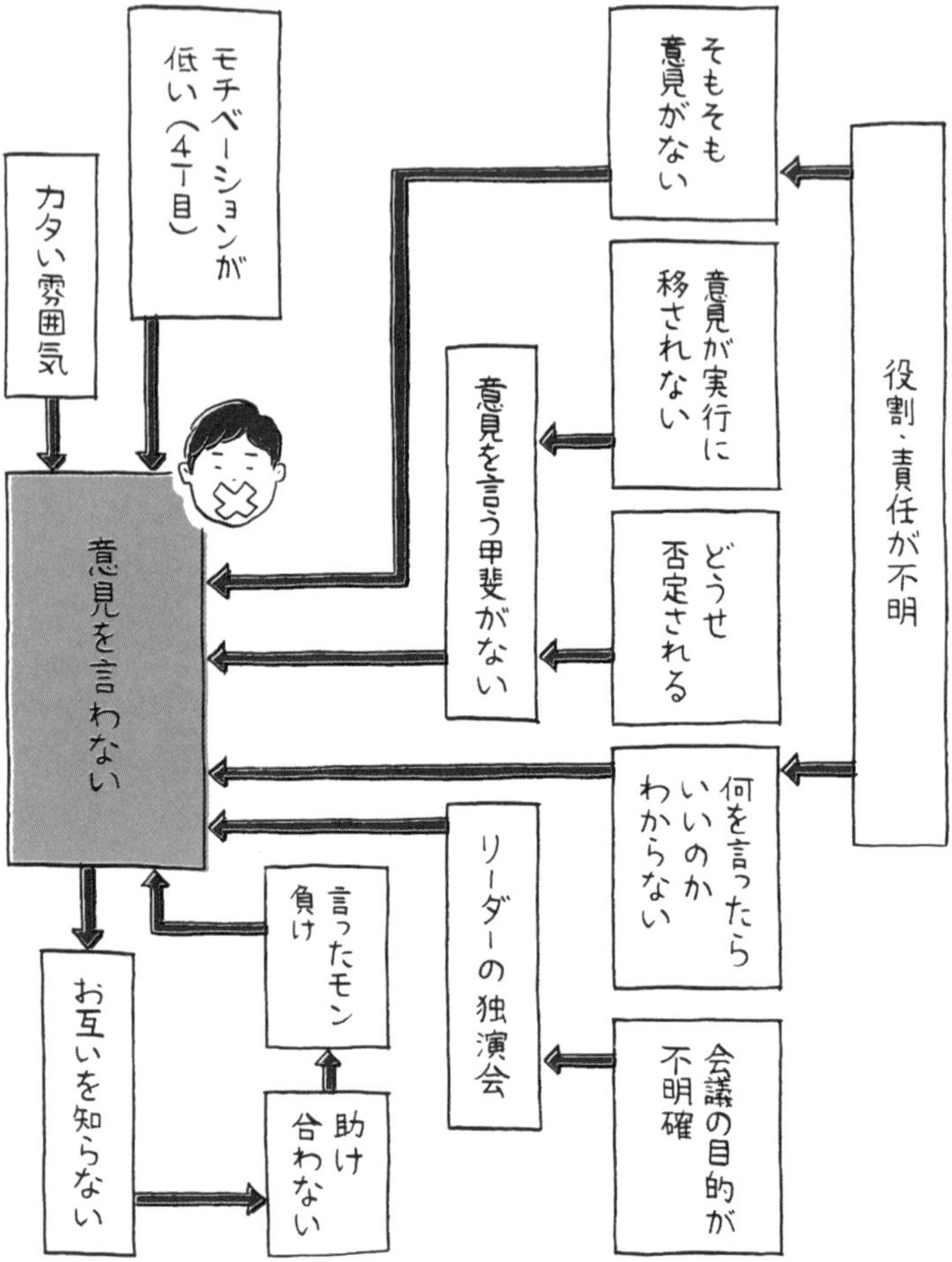

ふたたび、先の会社の社員アンケートの別の質問の結果をば。ずばり、社員に聞きました、「部下が意見を言わないワケ」。

「常に否定されると思うから」が堂々の1位。2位は「聞いてはもらえるが、対応してもらえないから」。その後、4位には「聞いてもらえない（取り合ってもらえない）と思うから」が続きます。

なるほど。これでは、わざわざ意見しようと思うわけがありませんね。ナットク。

私はこれまで30以上の日本の職場を見てきましたが、まさにこの調査結果の示すとおり。意見が飛び交わない職場には、共通して「どうせ言ったところでなぁ……」という諦めムードが漂っています。

②リーダーの独演会

「メンバーからの意見を聞く場を作っていない。だからダメなんだ」

心あるリーダーの中には、自分の忙しさを反省し、メンバーとの意見交換などの場を設ける人もいます。ところが……

蓋を開ければ、単なるリーダーの独演会。時間一杯、矢継ぎ早に、自分の思いと意見を

☑ 部下が意見を言わないワケ

Q 不安なく意見を伝えられないのはなぜだと思いますか？当てはまるものを3つ選んでください。

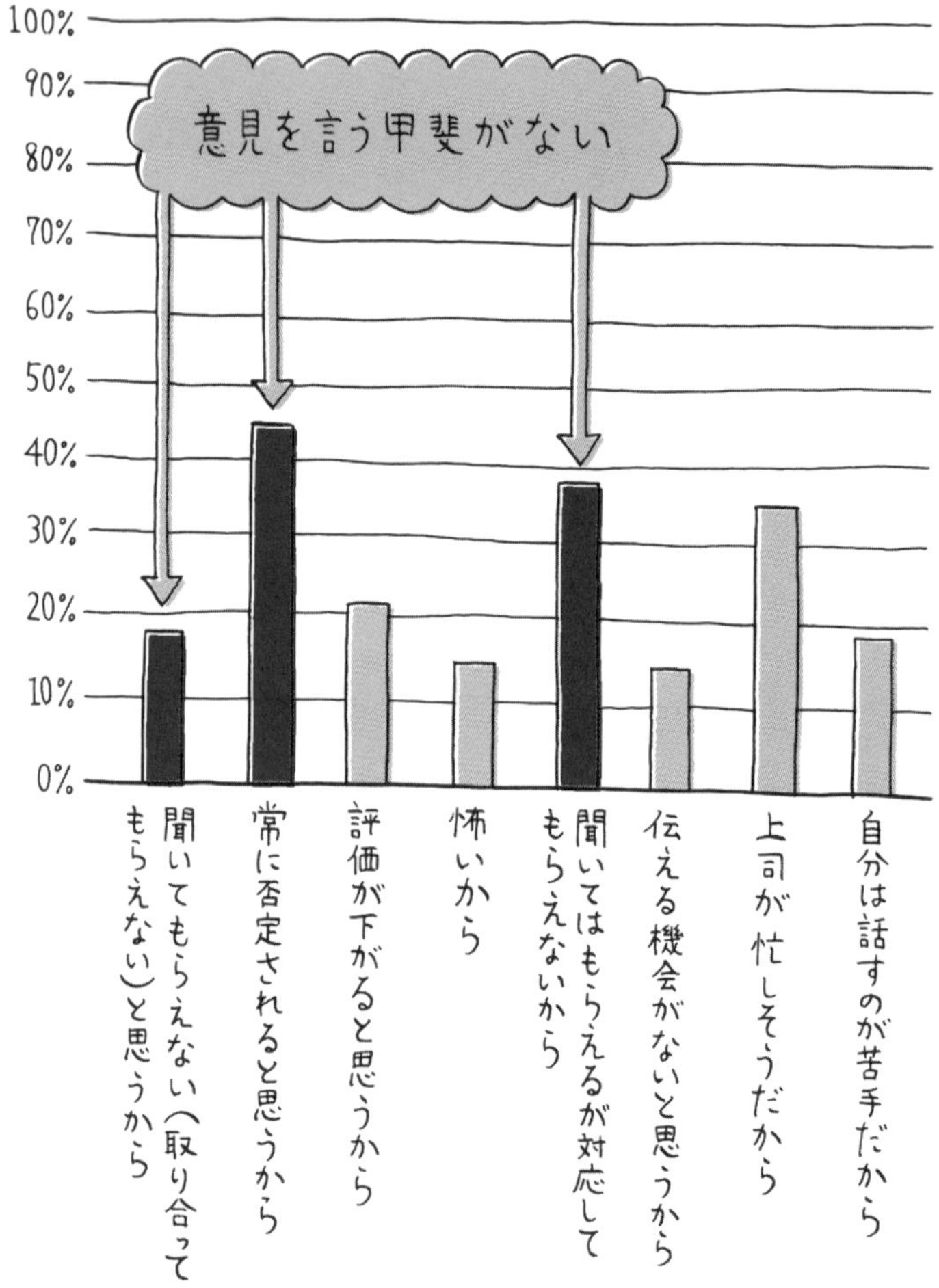

喋って、タイムオーバー。

「うんうん。なかなか有意義な場だった。満足」

➡

「お前だけがな！」（メンバーたちの心の声）

③カタい雰囲気

「自分だけが突っ走っていたな。いかんいかん。次回はメンバーに喋らせるようにしなければ……」

そこに気づいたリーダー。次の打ち合わせでは、自分は発言を控えよう、メンバーに意見を求めようと決意します。しかし……

「で、みんなから意見が欲しいんだけれど。なんかあるでしょ？　自由に言っていいから、なんか言おうよ、ほらほら！」

あの……、怖いです。そんな調子では、みんな気軽に発言なんてできないと思いますけれど……。

④何をいったらいいのかわからない

「いきなり意見しろといわれても、困ります……」

たじろぐメンバー。突然意見を求められても、何を言ったらいいかわからない。考えていなかった。よって、意見できない。そんなパターンもあります。

⑤そもそも、意見がない

「まさか、意見を求められるとは思わなかった」
「ていうか、自分が意見してもいいんですか?」
「ええと、どの立場でコメントすればよろしいのでしょうか? (私、しょせんアルバイトだと思うんですけど)」

メンバーが、自分自身に何を期待されているのかがわかっていない——それでは、意見を持ちようがありませんね。

⑥モチベーションが低い

4丁目で出てきた低モチベーション、ここでも悪さをします。働き甲斐のない職場のために、信頼していない人たちに対して、わざわざ意見や提案をしようと思わないですよね。人間だもの。

⑦言ったモン負け

「ウチには『言ったモン負け』って言葉があってね。余計な提案をすると、その人がやる羽目になるから、黙っておいたほうがいいよ」

これ、過去の勤務先（しかも2つ）で私が実際に言われたフレーズです。私は、当時から改善したがりタイプだったので「チャンス」とばかりにズバズバ提言し、自分の好きなように改善活動をさせてもらっていました。が、世の中そんな物好きばかりではありません。

「自分にはその能力はないけれど、改善してほしい」
「忙しくて私は手が回らないけれど、だれかが問題解決してくれたらな」

大多数が、そういう人たちではないでしょうか。

控え目なメンバーたち。意見や改善提案を心の中で押し殺したまま、今日も意見のないフリをしているかもしれません。ああ、もったいない！

意見が飛び交う職場にしたい――そのために、リーダーに意識していただきたい（あるいは、メンバーから提言してほしい）のは大きく2つです。

・意見しやすい空気作り
・意見を言う「甲斐」の創出

意見しやすい空気を作る4つのポイント

意見しやすい空気を作るためにはどうすればいいか。ポイントは次の4つです。

☑ 意見が飛び交う職場にする2つのアプローチ

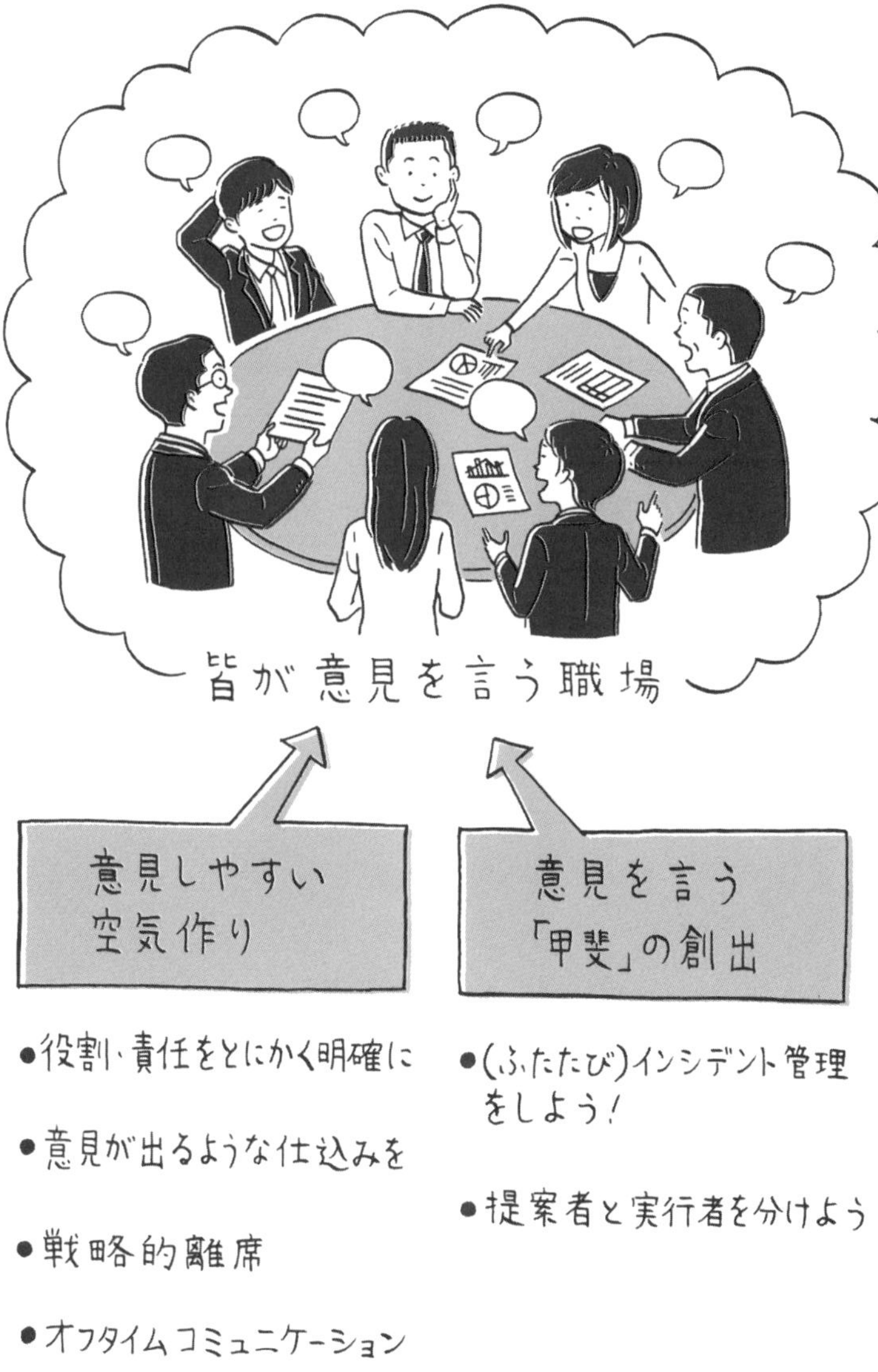
皆が意見を言う職場
意見しやすい空気作り
意見を言う「甲斐」の創出
●役割・責任をとにかく明確に
●意見が出るような仕込みを
●戦略的離席
●オフタイムコミュニケーション
●(ふたたび)インシデント管理をしよう!
●提案者と実行者を分けよう

役割・責任をとにかく明確に

メンバーの役割・責任が不明——3丁目でも出てきましたね。

自分はなにをすべきか？
何を期待されているのか？

それがわからないのに、意見なんて持ちようがありません（なのに、上司から「お客様視点で考えろ」などと突然言われる。そして、メンバーはますます混乱する）。
日ごろから、各々のメンバーへの役割・責任・期待を明確にしましょう。

どういう視点で問題意識を持ったらいいのか？
意見や提案する権利があるのか？

そこに気づいてもらうことが、とても大事です。

意見が出るような仕込みをする

会議で突然意見を求められる――これ、メンバーにとって重荷です。アドリブで答えるしかない！　心の準備ができていない状態では、良い意見は出てきにくいですよね。すなわち、意見の質を下げてしまいます。

- **意見照会する旨を事前に周知する**
- **フォーマットを配って、どんな視点で、どんな意見をすればいいのか、メンバーがイメージしやすいようにする（具体例を添えて！）**
- **テーマに関連する参考記事を配布して、読んでおいてもらうようにする**
- **ファシリテータを置く**

良い意見を求めるならば、仕込み（環境づくり）をしましょう。

戦略的離席

「なぜ、メンバーは意見を言わないのか？」

それは、あなたがそこにいるからかもしれません！　リーダーの影響力がありすぎて（威圧的すぎて？）、怖がってだれも何も言わない。本音を言わない。だって、人間だもの。

ここは1つ、リーダーのあなたは勇気を持って意見交換の場から退席してみましょう。

メンバーだけで意見交換をさせ、後日出てきた意見をメンバーから報告してもらう。

外部のファシリテータを入れ、ファシリテータからリーダーに報告してもらう。

そのほうが、率直な意見やホンネは出やすくなります。

オフタイムコミュニケーション

なんといっても、オフのコミュニケーション、これが大事。会議の場では、なかなか本音は伝えにくいものですよね。4丁目を読み返して、あなたのオフィスでできるコミュニケーション活性策を実施してみてください。

意見を言う「甲斐」を創出するには

意見やアイディアを引き出し、実行に結びつける。そのためにまずやっておきたい、3つの「出す」があります。聞き出す→書き出す→ひねり出すです。この3つの「出す」をおこなうのに、5丁目で出てきたあの管理方法が有効です。

（ふたたび）インシデント管理をする

5丁目では、突発のオーダー・トラブル・クレーム・問い合わせなどの「横入り」を「インシデント」として管理簿に記録し、定期的にメンバー全員で確認して対策を協議しましょうとお話ししました。メンバーの意見や改善提案も、「インシデント」ととらえることができます。

- **インシデント確認会（週1回など、定期的に）の場で：メンバーから意見を聞き出す**
- **インシデント管理簿に：出てきた意見を書き出す**
- **インシデント確認会の場で：メンバーと一緒に実行策をひねり出す**

インシデント管理の流れの中で、意見を聞き出す→書き出す→ひねり出すをおこなうことができます。

中でも大事なのが、「書き出す」。考えてみてください。せっかく提案したのに、「ふうん」「あ、そう」「わかった」と言われただけで流されてしまった。その後、放置された。これ、すごく切ないですよね。

インシデント管理簿に記録し、確認会で全員で協議するようにすれば、その意見・提案はほったらかしにはされません。チーム共通の、記録→対策検討→定常管理のフローに乗せることにより、メンバーの意見・提案は着実に検討され、メンバーはリーダーと組織をより信頼するようになります。

提案者と実行者を分ける

「言ったモン負け」文化をなくす――それには、「意見を言った人が必ずやらされる」仕組みを変えるしかありません。すなわち、提案者と実行者の分離が肝です。

改善提案を受け付ける（インシデント管理簿に記録する）
⬇ひとまずリーダーが預かる
⬇実行希望者を募る／だれに実行してもらうかリーダーが決める／チーム外の第三者（外注するなど）に実行を依頼する

こうするだけでも、「言ったモン負け」の雰囲気は少しずつ変わります。まずは、「言ってみてもいいかな?」くらいにはしたいですね。

仕事の問題地図

BUS

7丁目

有識者不在

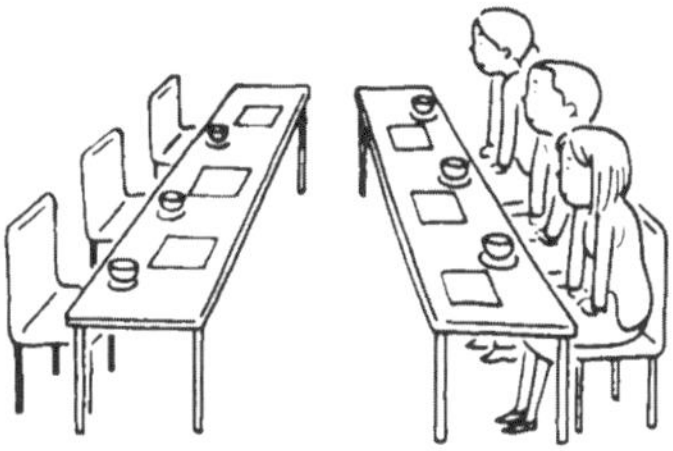

行先

「進捗しない」仕事

「ムリ・ムダだらけ」の仕事

ある山の奥のそのまた奥に、小さな村がありました。

村の木こりたちは、みんな働き者。来る日も来る日も、朝から晩まで、杉の木を切り倒していました。

小さなイアンもその1人。父親の仕事を手伝うため、山に繰り出して、古びた斧を振りかざし、太い幹を黙々と打っています。

「ふぅ。こんな小さな斧じゃなかなか倒せないや。僕は力もないし。でも、そんなこと言ってられないや。がんばらなくちゃ」

イアンは、汗を拭き拭き作業を続けます。

そこに、1人の大男が通りかかりました。村では見かけない顔です。イアンの斧に較べて2回りくらい大きくてピカピカな斧を携えています。

よろよろと木を打つイアン。それを見かねた男は、優しく声をかけます。

「坊や、そんな小さな斧でたたいてたんじゃ、いつまでたってもその木は倒れないな。手のひらを見せてごらん。マメだらけじゃないか。おじさんが、この斧で切ってやろう」

しかし、イアンはその場を動こうとしません。

「だめだよ。自分のチカラで切らなければダメだって、パパにも、村の人たちからも言われているんだ。それに……」

俯くイアン。決まりが悪そうに、男から目をそらします。

「……よその人と話しちゃいけないって、言われているんだ」

イアンは木の根っこに向かってつぶやきます。

「そうか。なら、この斧を坊やにあげよう。こいつを使えば、坊やのチカラでもラクに木を倒せるぞ」

男がイアンに斧を差し出そうとした時、背後からしゃがれた声が響きます。

「ならぬ！」

振り返ると、そこには険しい顔をした白髭の老人の姿がありました。

「ちょ……長老！」

「この村では、先祖代々受け継いだその小さな斧で木を切るのが慣わしじゃ。だいいち、ここの杉はほかの杉とは違って、特殊なんじゃ。よその斧ではよう切れぬ。さ、よそ者は立ち去られよ！」

こうして、男は村から追い出されましたとさ。

仕事が思うように進まない・終わらない背景の1つに、有識者の不在が挙げられます。要するに、プロがいない！　いないなら、外から連れてくればいいのに、なかなかそうしない。そこには、日本の伝統的な気合・根性論と美徳なども絡んでいて、これまたコトを厄介にしています。詳細地図を見てみましょう。

☑ チームに有識者がいない！ なぜならば……

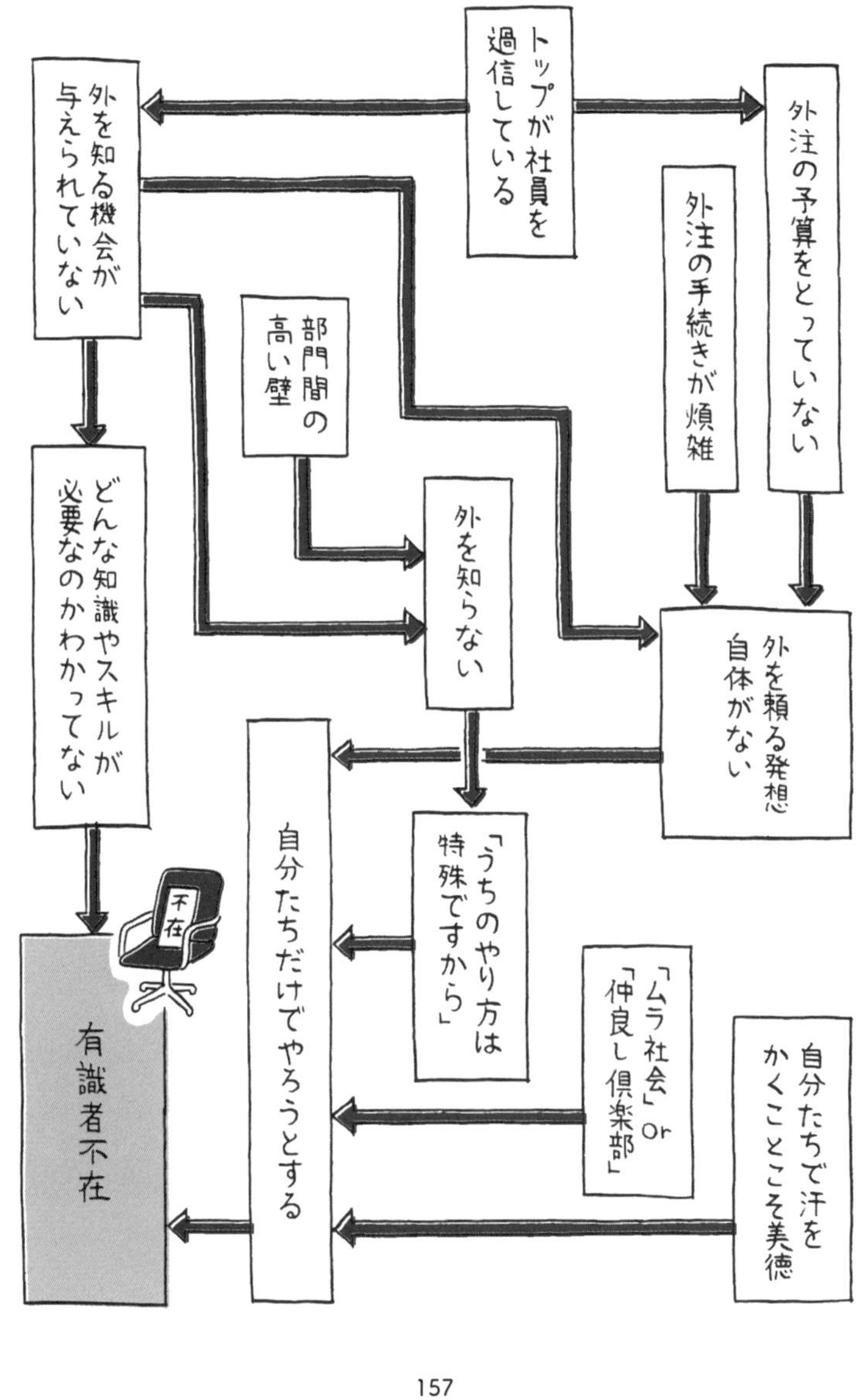

ううむ、日本企業の悪いところを凝縮したような絵。ひと筋縄にはいかなそうですが、千里の道も一歩から。原因を分析してみましょう。

自分たちだけでやろうとする

最大の原因はこれ。自分たちだけでなんとかしようとがんばっちゃう。なんとかなるさと思っちゃう。いやいや、どんなに頭をひねっても、気合を入れてみても、ないもの（知識・スキル）はありませんってば。

そして、今日も仲良くメンバー一同遅くまで残業。そうまでしても、期日どおりに仕事は終わらない。最悪、途中で「やーめた！」となる。何もいいことがないのに、それでも自分たちだけでがんばろうとする。その背景には、４つの文化・習慣があります。

自分たちで汗をかくことこそ美徳

「自分たちでかいた汗は美しい」
「他人の力を借りたら負け」

そんな青春夕焼けのようなプライドが根付いている。あ、もちろん自分たちだけで汗をかく、それも大事ですよ。その経験を通じて、「自社にノウハウを蓄える」「コアバリューを強化する」「チームの結束を高める」といった戦略的意図があるのならば。しかし、何でもかんでも自分たちだけでナントカしようとするのは、しかも失敗してばかりなのは、いかがなものでしょう。高校の学園祭なら美談になるかもしれませんが、会社は学園祭ではありません。

「ムラ社会」or「仲良し倶楽部」

「自分たちで汗をかくことこそ美徳」

この価値観が強い職場は、時に奇妙な連帯意識を持ち始めます。末には、

「自分たちが正しい。よそはまちがっている」

こんな偏った信念を持ってしまう。たまに中途入社の社員でも迷い込もうものなら、爪弾きにされ（あるいは、自ら危険を感じて）とっとと退散。「ムラ社会」「仲良し倶楽部」

が形成されます。

「うちのやり方は特殊ですから」

ザ・大企業（に限りませんが）病な、おなじみセンテンス。いまのやり方を変えたくないがための、正当化の言い訳。

「特殊ですから」

そのひと言で、自分たちを外界からシャットアウト。ますます、自分たちのやり方は特殊だと思い込むようになります。

外を頼る発想自体がない

このような美徳・プライド・思い込み（正当化）が組織に定着すると、「外の人に頼ろう」「プロに委ねよう」という発想がいっさいなくなります。

☑「パパ、どうしてみんな自分たちだけでがんばろうとするの?」「坊や、それはね……」

どんな知識やスキルが必要なのかわかってない

有識者がいる／いない以前に、「その仕事を成功させるためにどんな知識が必要なのか？」「どんなスキルがあればうまくいくのか？」がわかっていないことも。たとえば、事務職の現場で……

「えっ、Ｅｘｃｅｌでグラフが作れるんですか？（いままで、Ｗｏｒｄで手描きしていました）」

「Ａｃｃｅｓｓってのがあるんですか！（いままで、Ｅｘｃｅｌで時間をかけて集計していました）」

こんな言葉を耳にすることがあります。これでは、「Ａｃｃｅｓｓの達人（有識者）を呼んで作業を効率化しよう！」って発想にはなりっこないですね。

「キミたちならできる！」～トップの社員に対する過信

「キミたちならできる！」
「うちの社員は、やればなんでもできる」

そんな、社員への愛とも、経営のためだけに都合の良い口上ともとれるポリシー。これが災いし、

- 社員に外を知る機会が与えられない（外部の研修を受講する予算が取られていない、出張予算が組み込まれていないなど）
- 外注する発想が生まれない／外注する手続きが煩雑（あるいは、だれも知らない）

といった、一種の鎖国が起こってしまいます。

メンバーの自主性に任せず、半強制的に外を知るための仕掛けを作る

有識者不在に対する処方箋ですが……なんとしてでも「開国」するしかありません。

・外部の講演会を聞きに行く
・同業他社同士の勉強会に参加する
・外部の研修を受講する
・講師を招く

やり方はさまざまですが、メンバーの自主性に任せていては、なかなか変わりません。

・メンバー全員、年間5日間の外部研修の受講を義務付ける
・手挙げ式で、毎月興味のあるテーマの勉強会に手分けして参加する
・チームで情報誌を定期購読する（毎月必ず届く）

・毎月数冊、チームでビジネス書を購入して読むようにする

このような制度やルールでもって、半強制的に外を知るための仕掛けを作る。これくらいやらないと、なかなか開国できません。

社外でなくても、社内の他部署にも欲しい情報やノウハウはあるかもしれないですね。

・他部署との合同勉強会を定期開催する
・他部署のイベントに顔を出してみる

こういった取り組みも有意義です。外を知ったうえで、

・やっぱり自分たちでがんばって勉強する（知識・スキルを内製化する）
・外のプロに頼る（外注する）

かどうかを判断しましょう。どうせなら、意味のある汗をかきたいですよね。

外に任せれば「属人化」「自己満足」を排除できるメリットも

「不得意なことは、外のプロに任せる」それが、効率の面でも、品質の面でも（あるいは、コストの面でも）一番です。それだけではなく、外注化には次の2つのメリットもあります。

①属人化の排除
②自己満足の排除

どちらも、日本の多くの組織を悩ませている問題ですね。具体例をお話しましょう。

私が支援している、ある企業の広報部門のお話。業務の1つに、社内報の制作がありました。かつては社員だけで回していたそうですが、グループリーダーが変わってから、業務の大部分を外注に切り替えました。社内報の作成は、特定の人が長く担当しがちで、この会社以外にも「社内報業務この道10年、20年」のような人を何人か知っています。それによる「業務が属人化してしまう」「コンテンツがマンネリ化してしまう」「品質が担保されない」といった状況を打破したくて、グループリーダーは外注に踏み切ったそうです。同じ担当者がずっと同じ業務をやっていると、自己満足に陥りがちです。外部との接点がなければ、なおのこと。

「今のやり方が本当に正しいのか？」
「時代に合っているのか？」

それが見えなくなります。
外注することで属人化を防ぎ、品質もブラッシュアップでき、なおかつ社員が異動しても一定の品質を保てるやり方に変えることができます。また、外の風を入れることで、社員に適度な緊張感と刺激を与えられます。

「らしさ」は大切、けどね……

「そうはいっても、自社〝らしさ〟ってあるじゃないですか。外にばかり頼るのは、どうもねぇ」

はい。おっしゃるとおり、企業にとって〝らしさ〟は大切です。〝らしさ〟がない企業は、コモディティ化（陳腐化）し、市場での優位性を失います。競合他社に負けてしまいます。「こだわるところは、とことんこだわる」これは企業のブランド力の源泉であり、全社員が意識して行動しなければなりません。しかし、

こだわるの、ソコですか!?

職場を見回してみると、思わずツッコみたくなるような前例踏襲、謎のこだわりもたくさんあります。たとえば……

・この報告書は、何が何でもWord形式でなくてはいけない
➡Excelのほうが後々の進捗管理がしやすいのでは？

・翻訳は社員が必ずやるべきだ
➡外注してもいいのでは？

・このデータは、毎週月曜日の朝10時に提供するのがルールになっている
⬇10時を過ぎると、何がマズインでしたっけ？
・毎月の稼動表。必ずハンコを押して提出しなければならない
⬇サインじゃだめなの？
・月例の部内ミーティング。必ず本社の会議室まで出向いて出席しなければならない
⬇電話参加じゃダメ？

どこに自社〝らしさ〟を求めるか？
どこにこだわるべきなのか？
職場単位で議論してみてください。

仕事の問題地図

BUS

8丁目

抵抗勢力の壁

行先

「進捗しない」仕事

「ムリ・ムダだらけ」の仕事

「やり方を変えろ？　何を言っている。現場には現場のやり方があるんだ！」

「あなたの提案を実行しようとすると、こちらの仕事が増えるんですよね。困るなぁ……」

「新しいシステムを導入する？　だれも使わないと思いますよ。さあ、帰った帰った！」

なにか新しいことを始めようとする、これまでのやり方を変えようとするとき、避けて通れないのが、抵抗勢力の壁。関連他部署から、身内（チーム内）から、さまざまなところからニョキニョキと伸びて、あなたの前に立ち塞がります。ここで挫折してしまったら、ゲームオーバー。いままでの努力も水の泡に（そして、ヤケ酒のビールの泡に……）。なんとか乗り越えて、最後まで走りきれるようにするにはどうすればいいでしょうか？

行く手を阻む2つの抵抗

あなたの行く手を阻む抵抗は、大きく2つです。

①現場からの抵抗

☑ 社内に立ちはだかる、抵抗勢力という名の壁

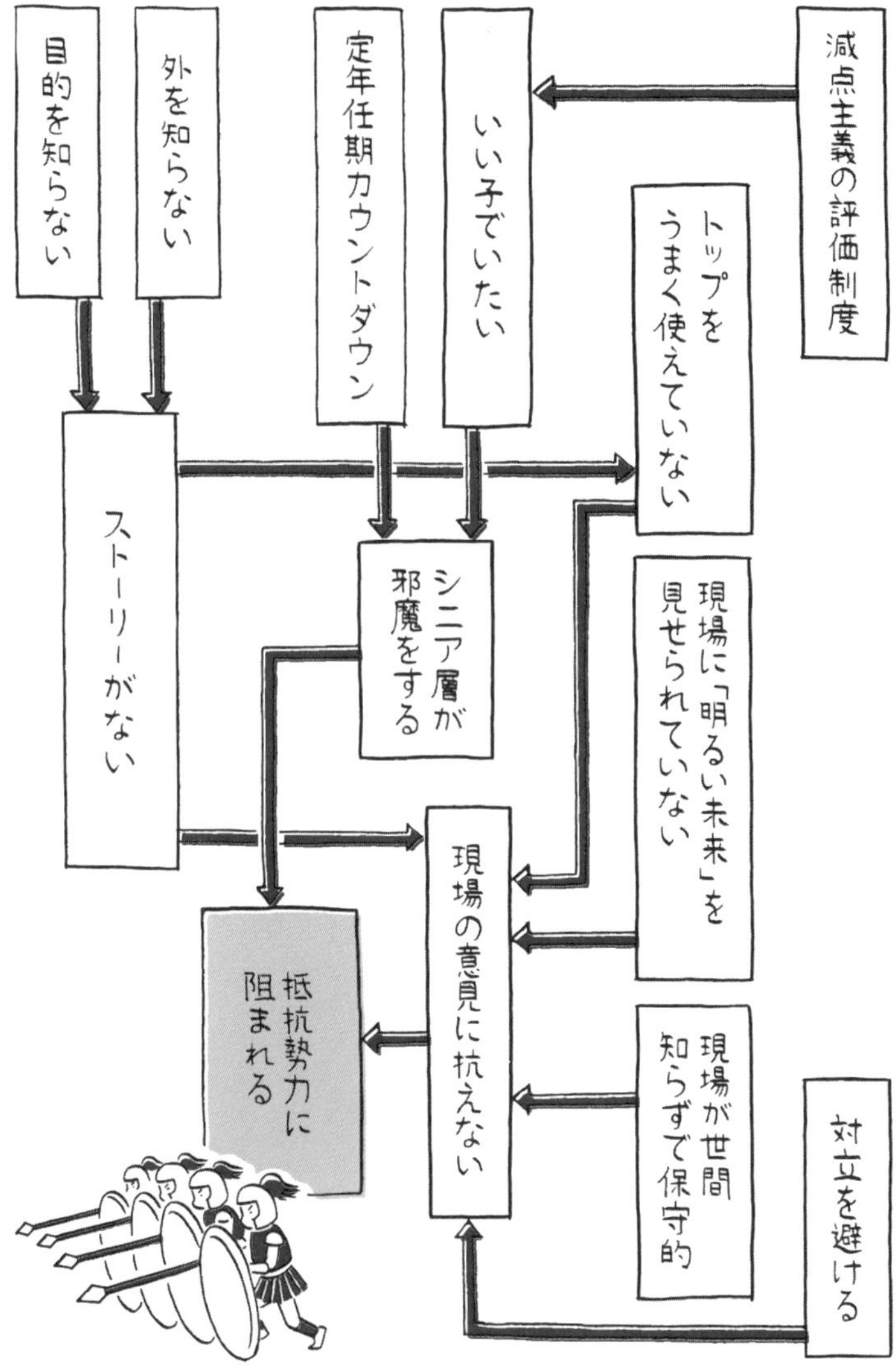

①現場からの抵抗

協力してほしい相手先（他部署など）からの抵抗。チームメンバーからの抵抗。どんなに一生懸命説明しても、現場はあなたの協力依頼を受け入れてくれません。

なぜ、なかなかウンと言ってくれないのか？　答えはシンプル、「だって、人間だもの」。

いままでのやり方を変えたくない。なるべくラクをしたい。

人はだれでもそう思うもの。特に、ジョブローテーションがなく、外との接点がないような部署の人たちはなおのこと。やり方を変えようとする第三者は「敵」と見なします。これは「世の摂理」だと思って、割り切って受け止めましょう。

②シニア層からの抵抗

現場からの抵抗よりもむしろ厄介なのが、こちら。身内の年長者（上司など）からの抵抗です。「シニア」の定義は一概には言えませんが、おおむね40代後半から50代ととらえ

☑ 変えようとするヤツは敵だ

あなたは、こうしているつもりでも………
変えましょう！
輝やかしい未来のために、
ともに闘うのです！
素晴らしい！
やりましょう！
相手にはこう見えているかもしれません
ふはははは!!
我こそは破壊の神！
なにやつ!?
敵だ！

ると、ピンと来るのではないでしょうか。

なにかとめんどくさい（失礼、でも客観的な評価です）この世代。企業では、見事に次の2つのタイプのいずれかに分かれます。

- **革新派：好奇心を持ち、新しいものを取り入れようとするタイプ**
- **保守派：現状に固執し、絶対変えたくないタイプ。時に、ポジションパワーを使ってでも変化を拒む**

革新派はなんら問題ありません。むしろ、現状を変えたい、仕事を効率的に進めたいあなたの味方になってくれます。社歴を生かして、関係部署の責任者に根回ししてくれたり、トップにかけあってくれたり。

悩ましいのが、保守派。なにかにつけて、足をひっぱります。時ににこやかに、時に激しく。彼らは、なぜそこまでして守りに走るのか？

「だって、リスク取りたくないもん」

「僕、あと5年で定年なんだよね。無傷でいさせてよ」

これ、私のかつての上司の1人から実際に聞いた生声です（「どうせ社員をクビにしない会社なんだから、あと5年で定年なら冒険すればいいのに……」と思ったのは内緒です）。しかし、これもある意味仕方ないですね。安泰でいたいさ、人間だもの。

最近では、若手や中堅社員でも保守派シニアのような振る舞いをする人がいる様子。困ったもんだ。

まず現場に話をして、その後上から落としてもらう

抵抗勢力の壁を壊すにはどうすればいいか？　まず知っておきたいのが、トップダウンとボトムアップという2つのアプローチです。

トップダウンとは、上から下に落とすという意味。社長、経営、部門長など、上から下（現場）に指示を落としてもらうことです。

「これは会社としてやらなければならない取り組みなので、協力するように」

☑ 組織の足をひっぱる、保守派シニアの本音

こういったメッセージを発信してもらうだけでも、その後の現場の動き方が変わってきます。

一方、ボトムアップとは、下から上げる、あるいは下だけで取り組むこと。現場で合意形成して上申する、あるいは、現場レベルで話し合って物事を進めるアプローチです。

トップダウンだけで動こうとすると、現場から反感を買って、結局うまくコトが運ばない。また、現場が強すぎる組織では、トップの指示が現場まで落ちきらず、空中分解することも。よって、ボトムアップ、すなわち現場レベルでのコミュニケーションと信頼関係構築も大事です。たとえば、製造部門など、上意下達の文化が染み付いたピラミッド構造組織では、次の順序のアプローチが効果的です。

①まず、現場に話をする（これを「仁義を切る」と表現することがあります）
②次に、上から落としてもらう（担当役員↓工場長↓現場の部長などの順に）

☑ トップダウンとボトムアップ

相手を動かすストーリーに不可欠な8つのポイント

トップダウンとボトムアップ、いずれのアプローチをとるにせよ、肝心なのが「ストーリー作り」です。あなたは、次の8つを説明できますか？

①その仕事を進める目的は何か？
②終わった後に、どんな世界が待っているのか？
③だれに、どんなメリットがあるのか？　相手のメリットは？
④やらないと、どんなことが起こるのか？
⑤なぜ、いまそれをやるのか？
⑥なぜ、あなた（たち）がそれをやるのか？
⑦なぜ、その相手に協力してもらいたいのか？
⑧その相手に、どうふるまってもらいたいのか？

トップから落としてもらうにしても、現場の人たちに説明するにしても、このようなストーリーは絶対必要です。ストーリーがなければ、どんなに格好いいプレゼンスキルを身につけても、無意味です。空虚です。プレゼンはストーリーを相手に浸透させて、相手を動かすための道具にすぎませんから。

最も重要なのは、②です。改善した後の世界を、変化した後の世界を、明るい未来を、相手にイメージさせる。それがイメージできないから、相手は変化を怖がり、抵抗するのです。

「何の得にもならない」
「メンドクサイことになるのではないか?」
「自分の仕事がなくなってしまうのではないか?」

いわば、見えない敵を怖がっている状態。そんな相手を、正義と論理だけで説得しようとしても無駄です。だって、人間だもの。私の業務改善の信条を1つ。

「人は、説得しようとすると抵抗する。しかし、納得すると自ら動く」

答えが中になければ、外に求めればいい

ストーリーの大切さはわかった。明るい未来をイメージさせる重要性もわかった。でも……

「そもそも、私たちが未来をイメージできていません！」

自社や自部門にとってまったく新しいことを始める場合、社内にロールモデルがいない、社内に未来像がないのは、当然です。

たとえば「女性の管理職登用を促進する」「在宅勤務制度を導入する」仕事があったとします。あなたの会社に、女性管理職がいままで1人もいなかったとしたら？　在宅勤務なんて、だれもやったことないし……それでは、未来像は描けません。

そんなときこそ、外を頼りましょう。

・女性管理職が活躍している会社の人を呼んで講演してもらう

・他社で在宅勤務をやっている人にインタビューする
・専門家（コンサルタント）などに支援をお願いする

答えが中になければ、外に求めればいいのです。

人事制度も大事

保守派シニア。テコでも動かないこの人たちを動かすには、人事制度を変えるしかないかもしれません。

①チャレンジした人を評価する人事制度に変える
②ジョブローテーションする

特に①は肝心要。経営者が「イノベーション、イノベーション」騒いでいる割に（4丁目）、イノベーションしても評価されない。行く先々で邪魔される。それでは、いよいよ社員は冷め始めます。「うちのトップは、ただ『イノベーション』って言いたいだけなんでしょ」って。

あ、最後にもう1つ。抵抗勢力を説得できない、納得させられない背景には、対立を避けたがる組織文化の影響も考えられます。9丁目に続きます。

仕事の問題地図

BUS

9丁目

対立を避ける

行先

「進捗しない」仕事

「ムリ・ムダだらけ」の仕事

良い仕事をするためには、対立も必要。対立ばかりでは問題ですが、かといって波風がまったく立たないのもどうでしょう?

・だれも反対意見を言わない

・関係他部署の抵抗を、素直に受け入れてしまう

・上司やお客の理不尽な要求に、NOと言えない

あなたのチーム、どれか1つでも当てはまったら要注意! 仕事が頓挫する可能性大です。

「だれからも反対がないのでうまくいっていると思ったら、最後の最後で関係部署から、あるいは中のメンバーから待ったがかかった……」

そんな〝ちゃぶ台返し〟に遭わないよう、対立から逃げない、対立を受け入れる。それが大事です。

「事なかれ主義」を生み出す5つの原因

そもそも、対立を避けたがる組織文化はどうやって形成されるのでしょうか？
ひと言でいうと「事なかれ主義」ですね。そこには5つの原因があります。

①「ムラ社会」or「仲良し倶楽部」

再び登場、「ムラ社会」「仲良し倶楽部」。まわりに合わせることこそが是。和を乱す行動をとってはならない。みんな、いい子でいたい。

そんな、目に見えない同調圧力が働き、反対意見や異論を述べない人たちがすくすく育っていきます。

②信頼関係がない

「仲良し倶楽部ねえ。お互い仲がいいなら、イイじゃないですか。コミュニケーションも良さそうだし。お互い信頼関係があるってことですよね？」

☑ 対立を避けたがる組織文化と周辺図

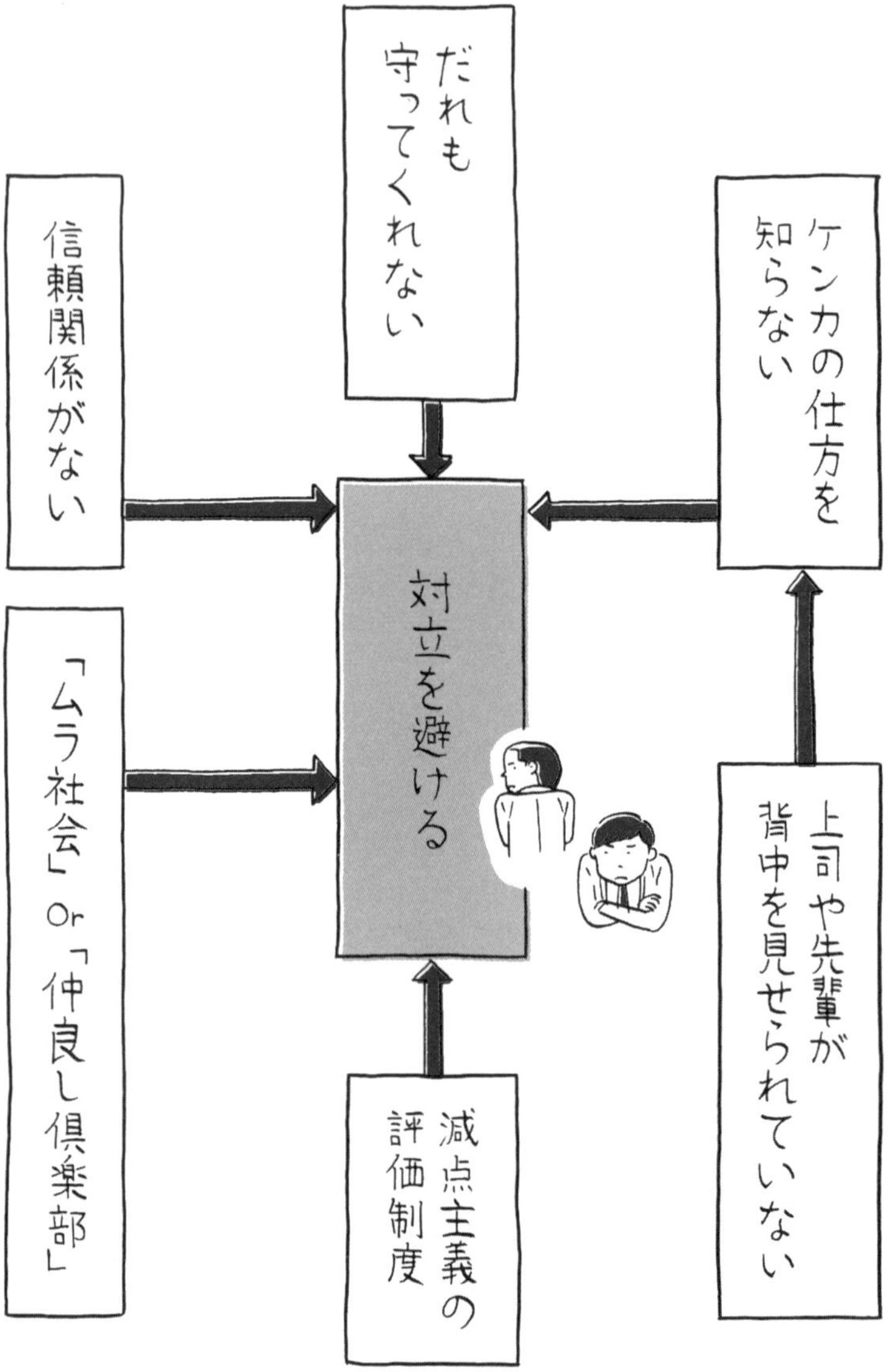

いえいえ、むしろその逆でしょう。「仲良し倶楽部」の人間関係はうわべだけ。

ほかのメンバーに嫌われないよう、無難な行動しかとらない。

空気を乱す発言はしない。

本音を言わない。

相手を知っているようでいて、じつは知らない。

それで、「信頼関係がある」って言えますかね？　まあ、染まってしまえばある意味幸せなのかもしれないですけど、良い仕事はできないですよね……。

③だれも守ってくれない

そうはいっても、だれしも反対意見や本音を言いたくなることもあります（人間だもの）。しかし、だれも守ってくれない！　だれかがキレたら、キレっぱなし（どんどんエスカレート）。だれもフォローしない。そして
「あ～あ、あの人、リーダーに逆らっちゃったよ。人生オワった～」

みたいな気まずい空気がどんより流れる。それでは、メンバーは安心して対立・衝突なんてできませんね。

④ケンカの仕方を知らない

「今の子どもはケンカの仕方を知らない」最近、よく聞くフレーズですね。

ケンカをしたことがない（ケンカをする前に大人がとりなしてしまう）
⬇ケンカの仕方を知らない
⬇キレたとき、相手をとことんやりこめてしまう
⬇相手を大怪我させてしまう

これ、最近の大人の会社社会にも当てはまります。

同調・融和・和気藹々が良しとされる
⬇対立や衝突の仕方を知らない

↓異論や反論なんて言えない（エスカレートして、感情論で相手を傷つけてしまいそうで怖いから）

せめて、現場で上司や先輩が正しいケンカの仕方を見せてくれていれば、部下は「ここまでは言ってもいいんだな」「こういう言い方はしないほうがいいんだな」と学ぶことができます。が、その上司も先輩も「事なかれ主義」ないい子ちゃんたちなので、ケンカなんてしようとしない……。とりわけ、最近はどこも「コンプライアンス」「コンプライアンス」と五月蝿いですからねぇ。

⑤減点主義の評価制度

8丁目でもちらっと顔を出した、この項目。対立・衝突したらあなたの評価が下がる。

「和を乱したら、お仕置きよ！」

それでは、よっぽどの勇者でない限り（あるいは、堪忍袋の緒が切れない限り）、怖くて対立・衝突なんてできないですよね。こうして、今日もまた「いい子」がぬくぬくと育っていきます。

対立は成功に必要なプロセスである
～チーム形成の４つのフェーズを理解しよう

「対立は、仕事の成功に必要な通過点である」

私たちは、このことを認識しなければなりません。チームが形成される発展過程（フェーズ）を示した理論として、心理学者タックマンが考案した「タックマンモデル」というものがあります。タックマンは、チームが結束してパフォーマンスを発揮するようになるまでには、４つのフェーズがあると言っています。

・Forming：形成期 ⬇ チームが形成されたばかり。メンバー同士、お互いをよく知らない。どことなくぎこちなく、遠慮しあっている。

・Storming：混乱期 ⬇ メンバーによるゴールのとらえ方の違い、思いの違いなどが顕在化する時期。自己主張をし合い、意見の対立・

衝突が起こる。

・Norming：統一期 ➡ ゴールが共有され、チーム内でのメンバーの役割認識や行動規範ができあがってくる。協力して行動するようになる。

・Performing：機能期 ➡ チームに結束が生まれ、ゴールに向かって主体的に行動し、チームとしてのパフォーマンスを発揮するようになる。

この4つのフェーズを知っていれば、対立や衝突はチームがパフォーマンスを発揮するようになるために必須の過程にすぎないと理解できます。そして、「仲良し倶楽部」はいつまでたっても初期段階（＝形成期）で足踏みしている状態であることがわかります。それでは、仕事がうまくいくわけがありません。

対立・衝突を健全なものとして受け止める――まずは、そこからです。

☑ チーム形成の4つのフェーズ（タックマンモデル）

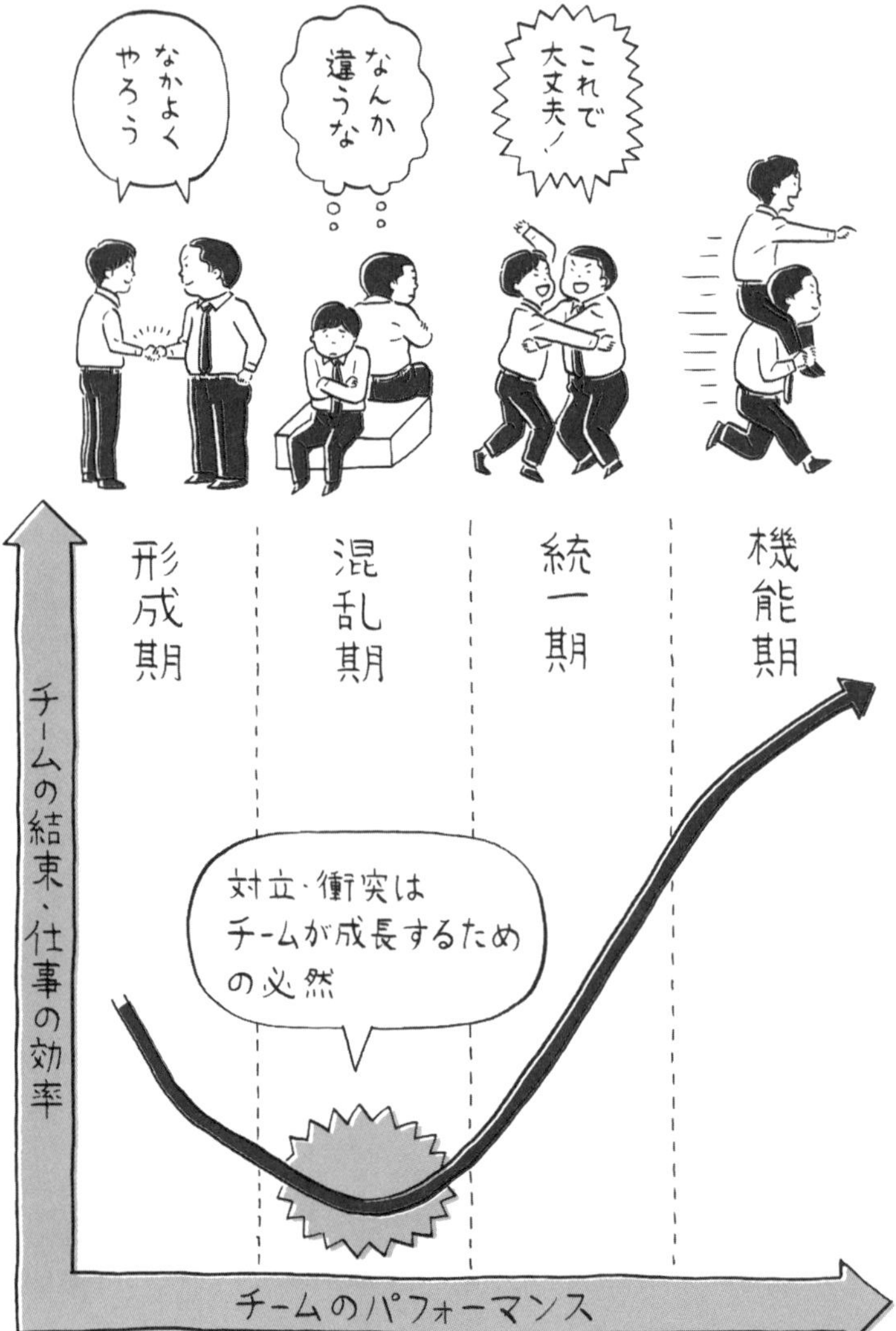

安心して対立できる環境を作る4つのポイント

あなたがリーダーの立場なら、メンバーが安心して対立・衝突できる環境を作ってあげてください。ポイントは次の４つです。

反対意見をきちんと受け止め、それがネガティブに伝わらないようフォローする

あらためて仕事の目的を全員に示し、目的達成のうえでその反対意見が大事であることを伝えましょう。

対立する意見を書き出す

対立する複数の意見が出たら、リーダー（あるいはファシリテーター役）はそれをホワイトボードなどに書き出してみてください。口頭だと感情論に発展しがちな対立意見も、いったん視覚情報にすることで冷静に議論できるようになります（字で書くと、「騒ぐほどたいした意見でもないな」と気づくことも）。

真剣に議論する場を設ける

重要な議題は打ち合わせを開催し、メンバー全員で議論するようにしましょう。

意見が出にくければ、ディベートを取り入れてみるのもありです。チームを「肯定側」「否定側」の2グループに分け、それぞれのグループで賛成意見、反対意見を出してもらい、意見を戦わせます。

大事なのは、「これはあくまでゲームである」という雰囲気を出すこと。ゲーム形式にすることで、意見を言いやすくするメリットがあります。

オフタイムでのコミュニケーションの場を設ける（本音を知り合う場、議論を戦わせた後の握手の場）

ランチしながら、アフター5の居酒屋で、たまには職場を抜けて外でお茶でもしながら、お喋りしましょう。1時間かそこら抜けたところで、たいてい仕事はなんとかなりますって。

私のエピソードを。IT企業に勤務していた時代、新しい社内システムの立ち上げに参画したときのことです。私はユーザー（業務側）代表で、業務要件を出して開発チームに伝える役割でした。プロジェクトが進むにつれ、行き違いや対立が生まれます。ある時、私は開発チームの仕事の進め方にどうしても納得がいかず、キレそうになったことがありました。その時の上司（部長）のひと言が忘れられません。

「あなたは、現場で開発チームとプロジェクトを一緒に進めていく人間だ。ここであなたがキレたらまずい。キレたかったら、僕にキレなさい。僕が何でも聞くから。そして、僕から開発側の部長に文句言うから！」

そのひと言で、私は我に帰りました。そして、対立・衝突を部長に任せました。ときには「ここはキレていいと思うぞ、やっちゃえ！」と後押ししてもらい、安心してキレることもありました。でも、それは裏で部長が開発チームの部長とコミュニケーションをとってフォローしてくれていたのですね。

部長は知っていたのです。これからプロジェクトはもっと大変なトラブルや困難をむかえることを（実際そうでした）。なのに、今、私が開発チームの仲間と険悪になってしまったら、協力して乗り切ることなんてとてもできないし、プロジェクトが終わった後の人間関係にも影響すると。おかげで、今でも開発チームのプロジェクトマネージャーとは年何回か飲みにいったりと、とても良いつきあいが続いています。あの時、私を守ってくれた部長には感謝しきれません。

欧米の人たちは、初等教育からディベートやディスカッションなど、人と物事を分けて意見を戦わせるやり方を学習しています。一方、日本人はそれが苦手。相手の意見にNOと言いたいだけなのに、時に相手の人格まで否定してしまう。そして、相手との人間関係を悪くしてしまうことがあります。そんな民族性もあって、「対立は悪だ」という空気ができあがってしまったのかもしれません。

日本人に根付いた行動特性を変える――それは容易ではありません。ただ、リーダーの気遣いや環境づくりによって、メンバー同士、意見を意見として戦わすことができる風土を作ることは十分可能です。

「おかしい」「変だ」「こうしたほうがイイ」を言いあえる。

そして、メンバー同士、最後は堅く握手。

そんな職場を作っていきたいですね。ケンカだってするさ、人間だもの。

仕事の問題地図

BUS

10丁目

失敗しっぱなし

行先

「進捗しない」仕事

「ムリ・ムダだらけ」の仕事

「失敗は成功のもと」という格言があります。最近では、東大名誉教授の畑村洋太郎先生が中心となって「失敗学」なる学問も確立してきています。それだけ重要視されているにも関わらず……失敗の経験を生かせていない！　ここにも、個人の価値観、人事制度、組織風土などさまざまな問題が潜んでいそうです。

失敗から学ばない組織の2つの特徴

失敗から学ばない。同じ失敗を繰り返す。そんな残念な組織には、2つの特徴があります。

①立ち止まらない、振り返らない

金曜日の夜8時すぎ。場所は東京・新橋のガード下。会社帰りと思われる、疲れた足取りの男女4人が、こんな会話で盛り上がっています。

課　長「いやー、今回のトラブルはヒヤヒヤだったな……」
Aさん「ホント、心臓止まるかと思いました」
Bさん「ですね。こんな大トラブル、初めてですもんね。でも、Cちゃんのナイスな提案

☑ 失敗から学ばない組織

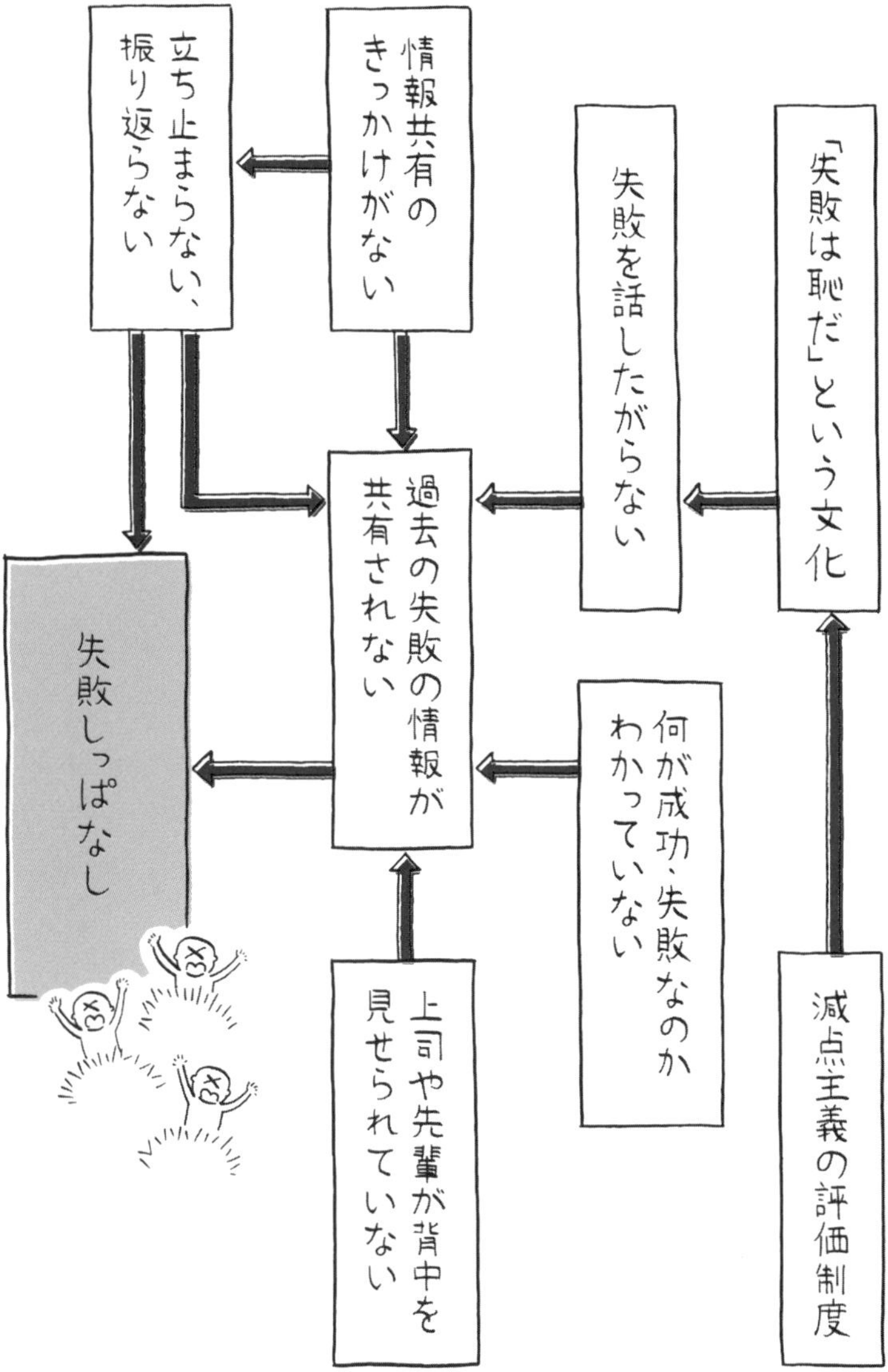
立ち止まらない、振り返らない
情報共有のきっかけがない
失敗を話したがらない
「失敗は恥だ」という文化
過去の失敗の情報が共有されない
失敗しっぱなし
何が成功、失敗なのかわかっていない
上司や先輩が背中を見せられていない
減点主義の評価制度

のおかげで、ギリギリなんとかなりましたね」

Cさん「そんなー、たまたま思いついただけですよ。みんなで徹夜してがんばったから、何とかなったんです！」

Aさん「うちのチーム、いざってときは結束力あるよね」

課　長「そうだな、ホントにおつかれさま。じゃあ、景気づけにパーッと飲みに行くか？今日は、僕がおごるよ」

A・B・Cさん「やったー、ごちそうさまです！」

今日もどこかで繰り広げられていそうなやりとり。一見、美談に思えてしまいがちが、ちょっと待った！　パーッと飲みに行くのはいいですが、そのままパーッと忘れてしまってはダメよ！　トラブルの発生原因、発覚の経緯、対処の内容、再発防止策……などは、きちんと振り返って後世に残しておかないと。

せっかく体験した失敗を知識に変えておくチャンスなのに、その場限りのやっつけ仕事で対応して、キレイさっぱり忘れてしまう……本当にもったいないですね。あなたのチームは大丈夫ですか？

②過去の失敗の情報が共有されない

同じ失敗を繰り返す組織は、日々の情報共有に問題があります。

先の4人の会話をよく見てください。Bさんが「こんな大トラブル、初めてですもんね」と言っていますが、はたして、このトラブルは本当に初めてだったのでしょうか？

- **じつは経験していたのに、忘れているだけかもしれない**
- **いまのメンバーは未経験でも、前任者が経験していたかもしれない**
- **社内の他チームでは何度も経験している既知のトラブルかもしれない**

すなわち、社内のどこかに経験と知識はある、なのに、探し出せない、たどり着けない——そんなもったいない状況になっていませんか？

なぜ、失敗は隠れたがる、逃げたがるのか

「失敗情報は隠れたがる」

失敗学の権威、畑村洋太郎先生は、著書『失敗学のすすめ』（講談社文庫）の中でこう記しています。そのとおり、失敗は人目を避けて隠れたがる、逃げたがる習性があります。といっても、もちろん失敗が自らの意志で身を隠すわけではありません。そこには、私たち人間の意志が働いています。

では、どのような意志が働くのでしょう？　３つの原因に迫ります。

①失敗は恥だから

１つ目は単純明快ですね。人間にはプライドがあります。失敗は恥ずかしい。なるべく他人に知られたくないし、なかったことにしたいのです。

②面倒だから

そのような恥ずかしい失敗体験を、わざわざ他人に共有するなんて、面倒くさいことこのうえないですよね。失敗を振り返ったって、目先の仕事が進むわけではないですし。そんな面倒くささも、失敗の共有を妨げます。

③面倒なわりに評価もされない

失敗を振り返る、たとえば文章に残すには、それなりに手間も時間もかかります。でも、手間ヒマかけてまとめたわりに、リーダーからの「次からは気をつけるように」の無慈悲なひと言で終わったり……。

「面倒くさいわりに評価されない」それでは、失敗を共有しようなんてモチベーションなんて起こりませんよね。むしろ、失敗を隠そうとする意志がより働きます。

失敗を組織の学びに変える3つのポイント

失敗を知っていることは、二度同じ失敗をしないノウハウを持っているということです。アポロ計画も、幾多もの失敗からの学びと飽くなき改善により成功を収めました。失敗は、組織の貴重な資産なのです。せっかくの失敗体験、お酒を呑んでパーッと忘れてしまうのは、罪ってものでしょう。

失敗を組織の学びにするには？　ポイントを3つ提言します。

必ず振り返りをする

あるIT企業では、プロジェクト完了後、一定期間が過ぎてから「完了報告会議」の開催が義務付けられています。この会議で、「当初の計画に対してどうだったか?」「品質、コスト、問題対応などの実績はどうだったか?」などを社内報告するのです。また、そのプロジェクトで得た学びや失敗体験も資料に残します。完了報告会議の資料はイントラネットに掲載され、社員が検索して探せるようにしています。すなわち、社内の先人の失敗体験のありかがわかり、ノウハウが利活用できるようになっているのです。

「ひと仕事終えたら、振り返る」これを習慣にしたいですね。

たった30分でもかまいません。振り返りをして、出てきたノウハウや再発防止策は文書にして残しておきましょう。メンバーが文書を作るのがしんどそうであれば、リーダーがヒアリングして書き残してください。それくらいしないと、失敗はノウハウ化できません。てっとり早くは、「インシデント管理簿」(5丁目)に記録するといいです。日々の仕事で困ったとき、トラブルがあったときにはまずインシデント管理簿を探す——過去から学ぶ習慣が、行動として組織に定着します。

「喉もと過ぎれば熱さを忘れる」なんて格言がありますが、忘れちゃダメです!

喉もと過ぎた頃に、熱さを冷静に思い出して、しっかり書き残しましょう。

失敗の共有を促す制度を作る

積極的な失敗の共有を後押しするには、評価制度や人事制度も重要です。「失敗したら、即刻処罰する」なんて恐怖政治では、みんな失敗を隠したがりますし、失敗を恐れてチャレンジしなくなりますよね。

前述のＩＴ企業では、各部門と社員の人事評価に「対外貢献ポイント」という項目を設けています。仕事を通じて得たノウハウや失敗事例を共有（発表会の実施、他チームや他部署への情報提供、外部講演での事例発表、メディア取材対応など）した場合、加点評価されます。同社では、社員が自ら進んで（あるいは、上司が部下を後押しして）失敗情報を共有しています。

失敗を表彰するユニークな制度を導入している会社もあります。大阪府堺市の太陽パーツ株式会社は、住宅用の部材の製造や金属加工を生業とする中小企業ですが、この会社には「大失敗賞」なる制度があります。文字どおり、大きな失敗をした人を表彰する制度です。失敗した社員を叱ると社内のムードが暗くなり、さらにだれもチャレンジしなくなることから、失敗した社員を表彰し、賞金を授けることにしました。以来、職場のムードが明るくなり、「同じ失敗を二度と繰り返さない」「次は成功する」というチャレンジ意識も向上したそうです。

失敗を語ろう

自らのリアルな体験にもとづいた失敗談は、成功体験以上の共感を呼び、相手からの信頼を生みます。エピソードを２つ。

ＩＴベンダーの開き直り提案

私が自動車会社の購買部門で、ＩＴベンダーの発注先を選定する仕事をしていたときのこと。機密情報の漏洩を防止するＩＴシステムの構築プロジェクトがあり、ベンダー各社の提案を比較検討しました。プレゼンテーションを聞く日々。

「当社は、最新のセキュリティを研究しつくし……」

「自動車業界、製薬業界、金融機関のセキュリティ対策の経験があるプロジェクトマネージャーをこのプロジェクトにアサインし……」

各社、成功体験をアピールします。ただ、あまりにキレイすぎて、どこまで信頼したらいいのか確信が持てません。

そんな中、ある1社のプレゼンテーションがキラリと光っていました。

「ニュースでご存知のとおり、当社は大規模な情報漏洩事故を起こしました。その経験と反省を生かして生まれたソリューションを、本日ご紹介します」

なんと、開き直りとも取れる提案。しかし、すべての話に説得力があり、社内のメンバー一同熱心に質問します。結果、そのベンダーを選びました。

成功談は疑心を呼びます。失敗談は共感と信頼を呼びます。

失敗体験を語ってくれた上司

私が入社3年目の時の上司。厳しく、口うるさくて、部内でも有名な手強い課長でした。異動してくる前は、インドネシアに2年間赴任していたとか。私の報告の仕方、説明文書の構成、資料の「てにをは」まで細かくチェックし、いちいちお説教つきのダメ出しをしてきます。

「前の上司には何も言われなかったのに、なんでここまで細かく注意されなければならないんだ？　いったい何の意味があるんだ？　単にいじめたいだけじゃないのか？」

次第に不信感が募ってきました。そんな私の気持ちを察したのか、ある夜上司は私を飲みに誘いました。昭和の場末の小さな居酒屋のカウンターに男２人肩を並べ、お酒がそこそこ進んだ頃、上司は口を開きました。

「僕がなぜインドネシアから帰ってきたか？　今日はそれをキミに話しておきたいと思ってな。じつは俺、インドネシアで大失敗してな。任期半ばで、日本に帰任させられたんだ……」

そこから、赴任時代の苦労話と失敗談が続きます。当時の彼の葛藤や心労を、若手の私でさえ感じることができる、深い深い話です。彼は最後にひと言、こう残しました。

「キミには同じ思いをさせたくない。同じ失敗を繰り返してほしくない。だから、厳しくて申し訳ないとは思うけれど、細かく注意しているんだ」

私は今でも、あの時の上司の切なげな目が忘れられません。本来、隠したいはずの大失敗の経験。思い出したくないはずの悔しい過去。それを自分に分けてくれた上司に、感謝と誇りの気持ちが芽生えました。

それからというもの、私は彼の言葉の重みをしっかり受け止めるようになりました。心から信頼できるようになりました。

失敗は恥ずかしい、だからこそ、共有するのは尊い

「人には失敗する権利がある。だがしかし、それには反省という義務が付く。」

本田技研工業の創業者、日本のものづくりの祖である、本田宗一郎氏の名言です。失敗のない仕事はありません。私たちは会社のお金で、失敗という貴重な経験をさせてもらっています。失敗しっぱなし――それは、罪深い行為です。

☑ 本田宗一郎ものづくり伝承館
（静岡県浜松市天竜区）

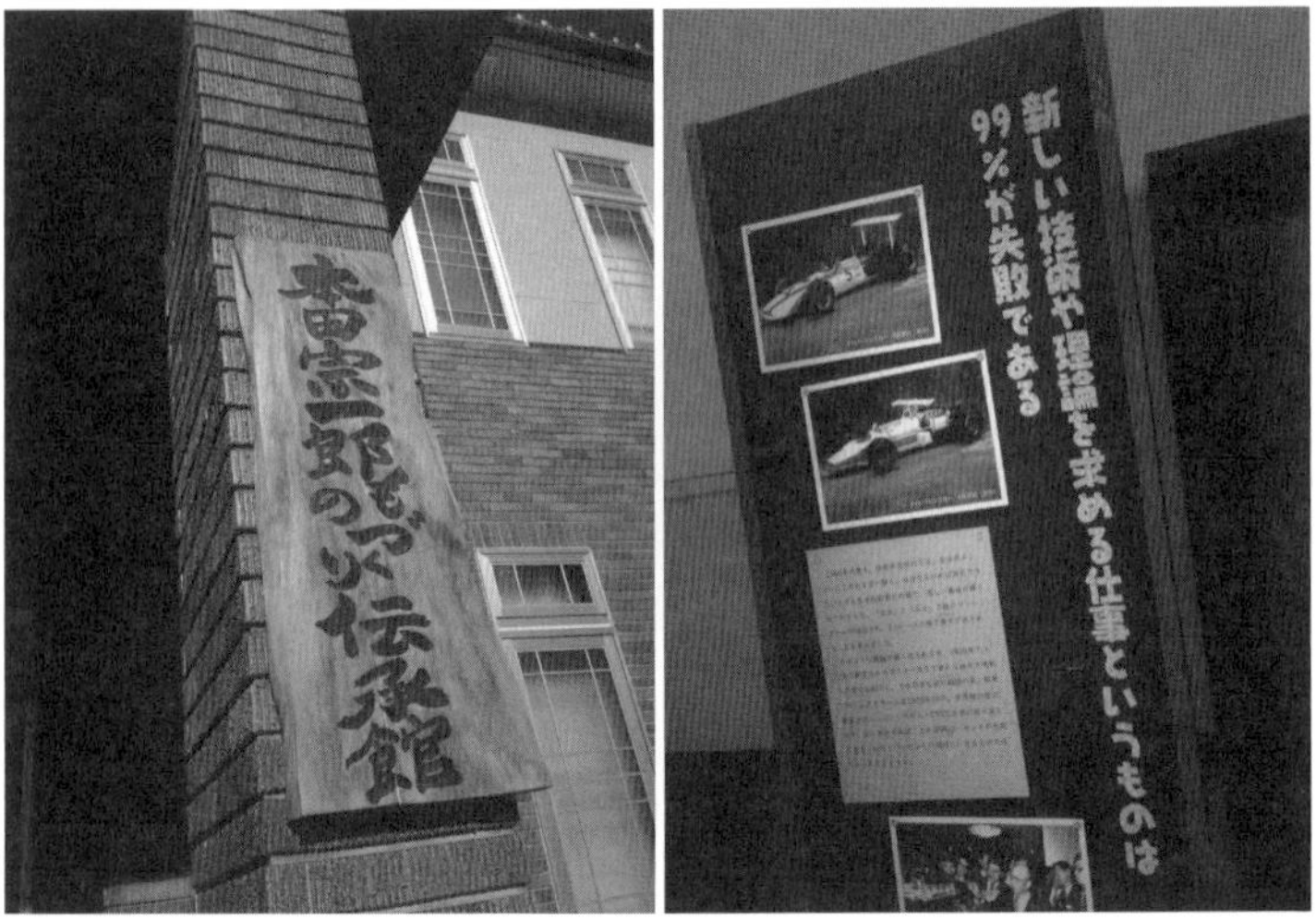

本田技研工業の創業者、本田宗一郎氏のものづくりの DNA が残されている

メンバー同士、課長も部長も派遣社員も関係なく、失敗を語り合う。
悪い情報、言いにくいことこそ、率先して伝える。

その壁を乗り越えた時、ほんとうの信頼、ほんとうの絆、ほんとうの誇りが組織に生まれるでしょう。

失敗するさ、人間だもの。
失敗は恥ずかしいさ、人間だもの。
失敗は隠したくなるさ、人間だもの。

失敗を他人に話すのは勇気がいります。だからこそ、失敗を共有するのは尊い行為であり、率先して話してくれる人は信頼できます。

失敗を誇りに変え、未来のための知に変える——それは、私たちの勇気ある一歩から始まります。

おわりに～「だって、人間だもの！」に向き合おう

「一般向けのプロジェクトマネジメントの本を書いてみたい」

この本が生まれたそもそものきっかけは、私と編集者さんとのそんな雑談でした。

プロジェクトマネジメントのノウハウは、日々私たちが取り組んでいる仕事を、計画どおり、問題なく進めてゴールに到達するために重宝するもの。私自身、さんざんお世話になってきました。私がかつて勤めていた日産自動車では、社員を対象に「プロジェクトマネジメント研修」がおこなわれており、営業・購買・生産・開発などあらゆる職種の社員が受講して現場で成果をあげています。

ところが、日本ではいまだにプロジェクトマネジメント＝ＩＴ業界（あるいはゼネコンや建築業界）のものと思われている。プロジェクトマネジメントと聞いただけで、「自分には関係ない」と思ってそっぽを向いてしまう人が多いようです。

ううん、もったいない！

なんとか、ＩＴ以外の人たちにもプロジェクトマネジメントの要素を知ってもらいたい。実践してもらいたい。そう思って、編集者さんと頭をひねる日々。そして、ある時気づいたのです。

「プロジェクトマネジメントって、平たく言えば仕事の進め方のハナシですよね?」


そうか。そうなんだ。

プロジェクトマネジメントなんて言うから自分ごとだと思われないんだ、敬遠されてしまうんだ。仕事の進め方ととらえてみれば、景色も変わるはず。

こうして、「仕事の問題地図」が生まれました。プロジェクトマネジメントという言葉はいっさい使わず、ＩＴ以外の現場でも活用できる／されているポイントに絞る。

一方、私自身、いわゆるプロジェクトマネジメントの手法には納得いかない部分がありました。どうもキレイごとで語られすぎ。「理想論」「正論」に傾きがち。キレイごとで回るほど、世の中単純ではありません。もっと人間くさい部分と向きあうための技なりコツなり観点なりが欲しいなと常日頃思っていました。

「だって、人間だもの」

どんな仕事も、人間らしい部分と向き合わないとうまくいきません。たまたま一度成功しても、長続きしません。

継続的に成功し続ける組織を作るためには、チームビルディングやコミュニケーションが大事。そして、従来のプロジェクトマネジメントの手法はそこが薄い。よって、本書ではそこを補ってみたつもりです。

私たちが働く環境は、日々刻々と変化しています。

性別が違う。
生まれた国が違う。
文化が違う。
雇用形態が違う。
得意技が違う。
能力が違う。

仕事に対する価値観が違う。

そんな多様なメンバーで仕事をする機会が増えてきました。いわゆる「ダイバーシティ」(多様性)ってやつです。４丁目で、昨今の経営者が好んで使う〝お約束ワード〟と揶揄しましたが、単なる言葉遊びではなくなってきている実感があります。

単にいろいろな人をかき集めて、「あなたの力量に任せました」「気合と根性でやってください」では、空中分解して当然。いまでさえ、日本人同士のチームでさえ、うまくいかない仕事のやり方。それが多様化なんぞしてしまったら、それこそグチャグチャになるのは目に見えています。

いまから仕事のやり方を、「無理なく」「無駄なく」成果を出せるものに変えていく。そのために、あらゆる人間くささと正面から向き合う。人材が多様化すればするほど、重要なテーマです。

マネジメントとは、がんじがらめにあれこれ指導・管理することでもなければ、リーダーが表舞台に立って何でも進めてしまうことでもありません。多様な人材が主体的に力を発揮していくための環境を作ること。個人個人の人間らしさを尊重し、人間らしさを組織の力に変えていく仕組みづくりです。

そうそう。本書の担当編集者の傳さん。彼は、進捗ポエムなるものをSNSで日々口ずさんでいます。

あなたはもう忘れたかしら
会った半年後　締切にして
二人で話した　書店の喫茶
毎日書こうねって　言ったのに
いつも私が待たされた
最初の納期がやっぱり燃えて
少ない進捗　カタカタ鳴った
あなたは私の催促無視で
ネットばかり　見てたのよ
企画出したあの頃　何も恐くなかった
ただあなたが書かないことが　恐かった

こんなステキなポエムを日々発信なさる。これが私たち著者にさりげなく「ヤバイ！」と思わせるのですね。しつこく、しかし嫌味っぽくなく「進捗、進捗」と言い続ける。これも大事なマネジメントであり、そのような空気感を作っていくのもリーダーの役割と言えるでしょう。

人間らしさに向き合わないマネジメントは、やらされ感しか生みません。
人間らしさに向き合うマネジメントは、主体性を育みます。

なぜかって？

「だって、私たち人間だもの！」

２０１７年早春　出張の帰り道、遠州森町の木陰の茶店にて

沢渡　あまね

業務プロセス＆オフィスコミュニケーション改善士

沢渡《さわたり》あまね

1975年生まれ。あまねキャリア工房 代表。業務改善・オフィスコミュニケーション改善士。日産自動車、NTT データ、大手製薬会社などを経て、2014年秋より現業。企業の業務プロセスやインターナルコミュニケーション改善の講演・コンサルティング・執筆活動などを行っている。NTT データでは、IT サービスマネージャーとして社内外のサービスデスクやヘルプデスクの立ち上げ・運用・改善やビジネスプロセスアウトソーシングも手がける。
現在は複数の企業で「働き方見直しプロジェクト」「社内コミュニケーション活性化プロジェクト」「業務改善プロジェクト」のファシリテーター・アドバイザー、および新入社員・中堅社員・管理職の育成も行う。これまで指導した受講生は1,000名以上。
著書に『職場の問題地図』(技術評論社)、『新人ガール ITIL 使って業務プロセス改善します!』『新米主任 ITIL 使ってチーム改善します!』『新入社員と学ぶ オフィスの情報セキュリティ入門』(C&R 研究所)などがある。趣味はドライブと里山カフェめぐり。
【ホームページ】http://amane-career.com/
【Twitter】https://twitter.com/amane_sawatari
【Facebook】https://www.facebook.com/amane.sawatari
【メール】info@amane-career.com

装　丁	石間 淳
カバー・本文イラスト	白井 匠(白井図画室)
本文デザイン・DTP	小林麻実・猪狩玲子(TYPEFACE)
編　集	傳 智之

お問い合わせについて
本書に関するご質問は、FAX、書面、下記の Web サイトの質問用フォームでお願いいたします。電話での直接のお問い合わせにはお答えできません。あらかじめご了承ください。ご質問の際には以下を明記してください。
・書籍名　・該当ページ　・返信先（メールアドレス）

ご質問の際に記載いただいた個人情報は質問の返答以外の目的には使用いたしません。お送りいただいたご質問には、できる限り迅速にお答えするよう努力しておりますが、お時間をいただくこともございます。なお、ご質問は本書に記載されている内容に関するもののみとさせていただきます。

問い合わせ先
〒162-0846　東京都新宿区市谷左内町21-13
株式会社技術評論社　書籍編集部「仕事の問題地図」係
FAX：03-3513-6183　Web：http://gihyo.jp/book/2017/978-4-7741-8774-7

仕事《しごと》の問題《もんだい》地図《ちず》

～「で、どこから変《か》える？」進捗《しんちょく》しない、ムリ・ムダだらけの働《はたら》き方《かた》

2017年3月21日　初版　第1刷発行
2017年4月17日　初版　第3刷発行

著　者　沢渡《さわたり》あまね
発行者　片岡巌
発行所　株式会社技術評論社
東京都新宿区市谷左内町21-13
電話　03-3513-6150(販売促進部)　03-3513-6166(書籍編集部)
印刷・製本　株式会社加藤文明社

ISBN978-4-7741-8774-7　C0036
Printed in Japan